Violet Ross

Arquétipo da Alma Desperta
Mistérios do Pleroma

Título Original: Archetype of the Awakened Soul - Mysteries of the Pleroma
Copyright © 2025, publicado por Luiz Antonio dos Santos ME.
Este livro é uma obra de não-ficção que explora gnosticismo, espiritualidade e a busca pelo conhecimento transcendental. Através de uma abordagem profunda e reflexiva, a autora apresenta conceitos e práticas que auxiliam na jornada do despertar da consciência e da reconexão com o divino.
1ª Edição
Equipe de Produção
Autora: Violet Ross
Editor: Luiz Santos
Capa: Studios Booklas / **Eduardo Vasconcellos**
Consultor: Marcos Farias
Pesquisadores: Carolina Mendes, Ricardo Albuquerque, Fernanda Leite
Diagramação: Daniel Monteiro
Tradução: Clara Bittencourt
Publicação e Identificação
Arquétipo da Alma Desperta
Booklas, 2025
Categorias: Espiritualidade / Gnosticismo
DDC: 299.932 - **CDU:** 21:133.3
Todos os direitos reservados a:
Luiz Antonio dos Santos ME / Booklas
Nenhuma parte deste livro pode ser reproduzida, armazenada num sistema de recuperação ou transmitida por qualquer meio — eletrônico, mecânico, fotocópia, gravação ou outro — sem a autorização prévia e expressa do detentor dos direitos autorais.

Sumário

Índice Sistemático 5
Prólogo 10
Capítulo 1 Jornada em Busca do Conhecimento 15
Capítulo 2 O Universo de Emanações Divinas 21
Capítulo 3 A Primeira Emanção e a Mente Primordial 26
Capítulo 4 O Aspecto Feminino Divino 31
Capítulo 5 A Essência da Realidade 37
Capítulo 6 Sabedoria, Poder e Imortalidade 43
Capítulo 7 A Gênese Cósmica 49
Capítulo 8 Outros Aeons 55
Capítulo 9 O Elo para a Redenção e Ascensão 61
Capítulo 10 Textos Gnósticos 67
Capítulo 11 Simbolismo e Iconografia 73
Capítulo 12 Espiritualidade Contemporânea 79
Capítulo 13 Esclarecendo Concepções Errôneas 85
Capítulo 14 O Retorno ao Pleroma 91
Capítulo 15 Questões em Aberto 97
Capítulo 16 Preparando o Caminho 102
Capítulo 17 Visualizando a Luz e a Sabedoria 109
Capítulo 18 O Coração para o Divino Feminino 118
Capítulo 19 Trabalhando com a Luz Divina 125
Capítulo 20 Expandindo a Percepção e a Intuição 133
Capítulo 21 Dúvidas e Desafios 140
Capítulo 22 Vivendo os Princípios no Mundo Material ... 149

Capítulo 23 Honrando o Divino Feminino 157
Capítulo 24 A Comunidade Gnóstica 165
Capítulo 25 Aprofundando a Conexão 173
Capítulo 26 Modelo para a Transformação Interior 179
Capítulo 27 Espiritualidade Ocidental 185
Capítulo 28 Outras Emanações 193
Capítulo 29 Retornando à Fonte 201

Índice Sistemático

Capítulo 1: Jornada em Busca do Conhecimento - Apresenta o gnosticismo como uma busca por conhecimento que transcende o mundo material e busca a libertação do sofrimento por meio da gnose.

Capítulo 2: O Universo de Emanações Divinas - Descreve a cosmologia gnóstica, com a emanação da Fonte Primordial, o Pleroma, os Aeons e a criação imperfeita do mundo material pelo Demiurgo.

Capítulo 3: A Primeira Emanação e a Mente Primordial - Introduz Barbelo como a primeira emanação da Fonte Divina, a manifestação da Mente Primordial, descrevendo seus títulos e simbolismo.

Capítulo 4: O Aspecto Feminino Divino - Explora a importância do feminino divino no gnosticismo, personificado na Mãe Suprema e suas emanações, como Barbelo e Sophia, que representam a sabedoria, a luz e a força criativa.

Capítulo 5: A Essência da Realidade - Aborda a luz divina como essência da realidade, sua origem na Fonte Primordial e sua manifestação em Barbelo, contrastando a luz divina com a luz física e a escuridão.

Capítulo 6: Sabedoria, Poder e Imortalidade - Explora os atributos de Barbelo como Sabedoria Divina,

Poder Criativo e Imortalidade, detalhando suas manifestações e como inspirar a busca espiritual.

Capítulo 7: A Gênese Cósmica - Aborda o papel ativo de Barbelo na criação do Pleroma, como co-criadora ao lado do Pai Inefável, e sua influência na harmonia e no equilíbrio do cosmos.

Capítulo 8: Outros Aeons - Explora as relações de Barbelo com outros Aeons, como Cristo e Sophia, dentro da hierarquia do Pleroma, enfatizando a interconexão e a harmonia entre as emanações divinas.

Capítulo 9: O Elo para a Redenção e Ascensão - Aborda a relação entre Barbelo e a humanidade, seu papel como elo para a redenção e ascensão da alma humana de volta ao Pleroma, oferecendo Gnosis e orientação.

Capítulo 10: Textos Gnósticos - Examina passagens sobre Barbelo em textos gnósticos como o Apócrifo de João e o Evangelho de Judas, revelando diferentes ênfases e nuances em sua representação.

Capítulo 11: Simbolismo e Iconografia - Explora o simbolismo de Barbelo, como o espelho, a imagem e a voz, e especula sobre possíveis elementos iconográficos na arte gnóstica.

Capítulo 12: Espiritualidade Contemporânea - Discute a relevância de Barbelo na espiritualidade contemporânea, sua conexão com o Divino Feminino, sua flexibilidade e adaptabilidade, e sua presença na psicologia profunda e na arte.

Capítulo 13: Esclarecendo Concepções Errôneas - Esclarece mitos e mal-entendidos sobre Barbelo, como sua redução a uma figura alegórica, a confusão com outras deusas, a visão de sua passividade, e a interpretação de sua androginia.

Capítulo 14: O Retorno ao Pleroma - Descreve a jornada da alma como um retorno ao Pleroma, com Barbelo como guia e protetora, e a importância da Gnosis e da experiência espiritual direta nesse processo.

Capítulo 15: Questões em Aberto - Reafirma o mistério de Barbelo e a natureza misteriosa do divino, abordando questões em aberto sobre sua emanação, androginia, influência e relação com a humanidade.

Capítulo 16: Preparando o Caminho - Discute a importância da intenção pura, devoção, abertura, ética, quietude interior e criação de um espaço sagrado como preparação para a prática espiritual gnóstica.

Capítulo 17: Visualizando a Luz e a Sabedoria - Apresenta a meditação e a contemplação como práticas para se conectar com Barbelo, incluindo meditações guiadas para sentir sua presença, abrir-se à sua energia e experienciar o amor incondicional.

Capítulo 18: O Coração para o Divino Feminino - Aborda a oração e a invocação como práticas gnósticas, com exemplos inspirados em textos gnósticos e instruções para criar orações e invocações pessoais.

Capítulo 19: Trabalhando com a Luz Divina - Discute a luz divina como uma energia real e vibrante, e apresenta técnicas para se conectar com ela, incluindo a Respiração Luminosa e o Banho de Luz, e para canalizá-la através de Barbelo, como a Respiração do Pleroma e a Visualização da Coluna de Luz.

Capítulo 20: Expandindo a Percepção e a Intuição - Aborda o despertar da consciência superior como uma meta do gnosticismo, a importância da intuição e a expansão da percepção além dos sentidos físicos, com práticas como a meditação silenciosa, a imaginação ativa e o registro de insights intuitivos.

Capítulo 21: Dúvidas e Desafios - Discute os desafios na jornada espiritual, como dúvidas, distrações, resistência interna, turbilhão emocional e platôs, e oferece estratégias para superá-los, incluindo a perseverança, a paciência e a autocompaixão.

Capítulo 22: Vivendo os Princípios no Mundo Material - Enfatiza a importância de integrar a sabedoria gnóstica no dia a dia, aplicando-a em relacionamentos, trabalho, tomada de decisões e conduta moral, com exemplos práticos de como viver a espiritualidade gnóstica no mundo material.

Capítulo 23: Honrando o Divino Feminino - Explora o potencial de rituais e cerimônias gnósticas adaptadas para honrar o Divino Feminino, com sugestões de rituais como o Ritual da Luz de Barbelo, a Cerimônia de Honra à Mãe Suprema e o Ritual de Gratidão ao Pleroma.

Capítulo 24: A Comunidade Gnóstica - Aborda a importância da comunidade gnóstica para o apoio, intercâmbio de conhecimentos e superação de desafios na jornada espiritual, com sugestões de como encontrar comunidades online e presenciais.

Capítulo 25: Aprofundando a Conexão - Conclui a exploração das práticas gnósticas, enfatizando a jornada espiritual como um processo contínuo de aprofundamento e expansão da conexão com Barbelo e o Pleroma, convidando o leitor a continuar a exploração e o desenvolvimento espiritual.

Capítulo 26: Modelo para a Transformação Interior - Apresenta Barbelo como um arquétipo da alma desperta, um modelo para a transformação interior, inspirando a busca pela totalidade, a integração dos aspectos feminino e masculino, e a manifestação do potencial divino.

Capítulo 27: Espiritualidade Ocidental - Traça o legado de Barbelo na história do gnosticismo e sua influência em outras tradições espirituais ocidentais, como o hermetismo, a Cabalá, o misticismo cristão, a filosofia renascentista e romântica, e a espiritualidade moderna.

Capítulo 28: Outras Emanações - Explora outros Aeons e figuras importantes do Pleroma, como Cristo, Sophia, Set, o Cristo Luminoso, o Espírito Santo e o Demiurgo, convidando o leitor a aprofundar o estudo do gnosticismo.

Capítulo 29: Retornando à Fonte - Conclui o livro, sumariando os principais temas, reafirmando a importância da conexão com Barbelo e a luz divina, e oferecendo uma mensagem final de esperança, encorajamento e convite à prática da sabedoria gnóstica na vida cotidiana.

Prólogo

Em uma sociedade que nos molda desde o berço para crermos em verdades pré-fabricadas, dogmas inquestionáveis e narrativas limitantes, a chama da busca autêntica muitas vezes se encontra sufocada sob o peso da domesticação mental. Fomos condicionados a aceitar o que nos ensinaram, a seguir os caminhos pré-determinados e a nos conformar com as respostas superficiais. No entanto, em meio a névoa de crenças impostas, a alma humana ainda anseia por algo mais, por uma verdade que ressoe com sua essência, que responda às suas perguntas existenciais mais profundas e que revele seu verdadeiro papel dentro da criação.

Para aqueles que ousam questionar, que se recusam a se contentar com as respostas superficiais e que sentem a chama da busca interior ardendo em seus corações, este livro, surge como um mapa, um guia e uma fonte de inspiração. Em suas páginas, convidamos o leitor a se aventurar em uma jornada de redescoberta, a mergulhar nas profundezas da sabedoria gnóstica ancestral e a desvendar o mistério de Barbelo, a Primeira Emanação da Fonte Divina, o arquétipo do Divino Feminino e a chave para o despertar da consciência superior.

O gnosticismo, como um todo, representa um despertar da consciência humana para além das limitações do mundo material. Mais do que uma mera filosofia ou sistema religioso, ele se configura como uma jornada intrínseca em busca de conhecimento, uma sede ancestral de compreender a natureza última da realidade e o nosso lugar dentro dela.

No cerne do gnosticismo reside a convicção de que existe um conhecimento superior, uma "gnose", capaz de libertar o indivíduo das ilusões e amarras da existência terrena. Este conhecimento não se limita à erudição intelectual ou à acumulação de informações. Trata-se de uma compreensão profunda e intuitiva da verdade, uma revelação que transcende a razão discursiva e penetra nos domínios da experiência direta.

A gnose é um conhecimento salvífico, um caminho de iluminação que conduz à libertação do ciclo de sofrimento e ignorância que caracteriza a condição humana neste mundo. A busca gnóstica pelo conhecimento não é uma fuga do mundo, mas um mergulho corajoso em direção à verdade, um reconhecimento de que a verdadeira pátria da alma se encontra em um reino de luz e perfeição que transcende as limitações do universo material.

O conceito de Pleroma, o reino da plenitude divina, e da Emanação Primordial, a primeira manifestação da Fonte Inefável, é um conceito antigo, presente em diversas tradições místicas e filosóficas. No gnosticismo, este conceito ganha uma força e uma clareza singulares, revelando a estrutura do universo divino, a hierarquia dos Aeons, os seres de luz que emanam da Fonte, e o caminho de retorno da alma humana ao seu lar original.

A figura de Cristo, como um Aeon que se manifesta no mundo material, também é central no gnosticismo. No entanto, a visão gnóstica de Cristo difere daquela apresentada no cristianismo ortodoxo. Para os gnósticos, Cristo não é o Filho unigênito de Deus encarnado na carne, mas um emissário do Pleroma, um ser iluminado que veio à Terra para despertar a humanidade adormecida e revelar o caminho da Gnosis.

Infelizmente, muitos dos ensinamentos originais de Cristo e dos gnósticos foram distorcidos, suprimidos e até mesmo demonizados ao longo da história. A necessidade de controle das massas por parte das instituições religiosas e políticas levou à criação de dogmas rígidos, baseados no medo do castigo eterno e na submissão à autoridade. A mente humana foi domesticada, condicionada a crer cegamente e a seguir os ditames impostos, sufocando sua capacidade de questionar, de buscar a verdade e de despertar para sua própria divindade.

No entanto, a chama da Gnosis nunca se apagou por completo. Ao longo dos séculos, a sabedoria gnóstica se manteve viva em correntes místicas e esotéricas, em textos ocultos e em tradições orais, aguardando o momento oportuno para reemergir e reacender a chama da busca autêntica pela verdade.

E este momento é agora. Em um mundo cada vez mais complexo, fragmentado e em crise, a sabedoria gnóstica ancestral ressurge com força, oferecendo uma alternativa aos dogmas limitantes, uma resposta à sede de conhecimento e um caminho para o despertar da consciência superior.

Este livro, se propõe a ser um guia nesta jornada de redescoberta. Em suas páginas, exploramos o mistério de Barbelo, a primeira emanação da Fonte Divina, o arquétipo do Divino Feminino e a chave para a compreensão da cosmologia e da soteriologia gnósticas.

Barbelo, como a primeira manifestação da Mente Divina, representa a sabedoria primordial, a luz que ilumina o caminho de volta ao Pleroma e o poder criativo que anima o universo. Ela é a Mãe Suprema, a matriz cósmica da qual tudo emana, o amor incondicional que acolhe e nutre a alma humana em sua jornada de retorno à Fonte.

Ao longo deste livro, convidamos você a mergulhar na profundidade do simbolismo de Barbelo, a explorar as suas relações com outros Aeons importantes, a compreender seu papel na criação e na redenção, e a descobrir práticas espirituais para conectar-se com sua energia, sua sabedoria e sua luz.

Através da vivência dos princípios gnósticos no dia a dia, você poderá despertar a centelha divina em seu interior, expandir sua consciência, transcender as limitações do mundo material e trilhar o caminho de volta ao Pleroma, o reino da plenitude e da luz.

Este livro é um convite àqueles que ousam questionar, que buscam a verdade além dos dogmas e que anseiam por uma experiência espiritual autêntica e transformadora. É um chamado para despertar sua alma adormecida, para libertar-se das correntes da domesticação mental e para assumir seu verdadeiro papel como cocriador de uma realidade mais alinhada com a luz, o amor e a sabedoria divina.

Que este livro seja um mapa em sua jornada de redescoberta, um guia em sua busca pela Gnosis e uma inspiração para viver a plenitude do seu potencial divino. Que a luz de Barbelo ilumine seu caminho e que o amor da Mãe Suprema o acompanhe em cada passo da sua jornada.

Luiz Santos
Editor

Capítulo 1
Jornada em Busca do Conhecimento

A busca pelo conhecimento transcendente é um impulso inato da humanidade, uma necessidade profunda de compreender a natureza última da existência e o papel do ser humano no vasto tecido do cosmos. O gnosticismo, mais do que uma corrente filosófica ou religiosa, representa essa inquietação em sua forma mais intensa, oferecendo uma visão da realidade que ultrapassa as aparências e desafia as concepções convencionais. Diferente do conhecimento adquirido por meio da razão e da experiência sensorial, a sabedoria gnóstica é reveladora e libertadora, uma chave que possibilita a superação das ilusões que limitam a compreensão plena do ser. Essa busca pela verdade absoluta não é apenas um exercício intelectual, mas um caminho de transformação interior, no qual o indivíduo desperta para sua própria natureza espiritual e reconhece a existência de uma realidade maior, oculta sob a materialidade do mundo visível. No âmago dessa jornada, encontra-se a convicção de que o universo tal como o conhecemos não é a expressão definitiva da divindade, mas sim uma manifestação imperfeita, um reflexo distorcido da verdadeira luz que habita além dos limites do tempo e do espaço.

O gnosticismo emergiu em um cenário de grande efervescência cultural e espiritual, nos primeiros séculos da Era Comum, absorvendo e ressignificando elementos de tradições filosóficas e religiosas diversas. Influências do judaísmo, do cristianismo primitivo, do platonismo e dos cultos de mistério do Oriente convergiram para formar um vasto mosaico de ensinamentos, cuja essência residia na busca pela gnose – o conhecimento supremo que permite ao ser humano libertar-se das amarras da ignorância e do sofrimento. Esse processo de despertar não ocorre de maneira automática ou passiva; exige um esforço consciente para transcender as limitações impostas pelo mundo material e acessar a dimensão espiritual da existência. Diferente das religiões institucionais, que frequentemente enfatizam a fé em dogmas e estruturas hierárquicas, o gnosticismo propõe um caminho individual de descoberta, no qual cada pessoa deve trilhar sua própria jornada rumo à iluminação. Dessa forma, a tradição gnóstica não apenas se apresenta como um corpo de crenças, mas como um convite à exploração interior e à reconexão com a origem divina, uma travessia que conduz ao reconhecimento de que a verdadeira essência do ser humano pertence a um reino de plenitude e luz.

A partir dessa perspectiva, a existência terrena adquire um caráter paradoxal: ao mesmo tempo em que representa um aprisionamento, oferece a oportunidade para o despertar da consciência. O mundo material, concebido como uma criação imperfeita do Demiurgo, não é o lar definitivo da alma, mas um estágio transitório, uma provação que impulsiona o indivíduo a buscar seu verdadeiro destino espiritual. Essa concepção dualista, que opõe matéria e espírito, ilusão e verdade, estrutura o pensamento gnóstico e confere-lhe um caráter profundamente transformador. Não se trata apenas de um questionamento sobre a natureza do universo, mas de um chamado à ação – um convite para que cada indivíduo reconheça a centelha divina que habita em si e inicie sua jornada de retorno ao Pleroma, o reino da luz suprema. Assim, o gnosticismo transcende as barreiras do tempo e ressoa com aqueles que, independentemente da era em que vivem, sentem um anseio interior por algo além das respostas superficiais oferecidas pelo mundo visível. É, em essência, um caminho de libertação, um despertar para a verdadeira realidade que aguarda além das sombras do mundo material.

No cerne do gnosticismo reside a convicção de que existe um conhecimento superior, uma "gnose", capaz de libertar o indivíduo das ilusões e amarras da existência terrena. Este conhecimento não se limita à erudição intelectual ou à acumulação de informações. Trata-se de uma compreensão profunda e intuitiva da verdade, uma revelação que transcende a razão discursiva e penetra nos domínios da experiência direta. A gnose é um conhecimento salvífico, um caminho de iluminação que conduz à libertação do ciclo de sofrimento e ignorância que caracteriza a condição humana neste mundo.

A relevância do gnosticismo persiste até os dias atuais, ressoando com aqueles que sentem um anseio espiritual que vai além das respostas convencionais. Em um mundo marcado pelo materialismo, pelo consumismo e pela superficialidade, o gnosticismo oferece uma alternativa profunda e desafiadora. Ele nos convida a questionar as premissas da realidade consensual, a sondar as profundezas da nossa própria consciência e a buscar um significado mais elevado para a nossa existência. A busca gnóstica pelo conhecimento não é uma fuga do mundo, mas sim um mergulho corajoso em direção à verdade, um reconhecimento de que a verdadeira pátria da alma se encontra em um reino de luz e perfeição que transcende as limitações do universo material.

Para o gnóstico, o mundo em que vivemos não é a manifestação última da realidade divina, mas sim uma criação imperfeita, gerada por uma entidade inferior, o Demiurgo, muitas vezes identificado com a figura do Deus do Antigo Testamento sob uma perspectiva interpretativa específica. Este Demiurgo, embora poderoso, é considerado ignorante da Fonte Divina Primordial, o verdadeiro Deus transcendente e inefável que reside em um reino de luz pura, conhecido como Pleroma. A criação do mundo material, na visão gnóstica, é o resultado de um erro, uma falha na emanação divina que resultou na separação da luz primordial e na geração da escuridão e da matéria.

Dentro desta cosmologia complexa, a humanidade ocupa uma posição paradoxal. Aprisionados em corpos materiais e imersos em um mundo de ilusão e sofrimento, os seres humanos carregam, no entanto, uma centelha divina, um fragmento da luz primordial que anseia por retornar à sua origem. Esta centelha divina, também referida como "pneuma" ou "espírito", é a nossa verdadeira essência, a parte de nós que está intrinsecamente conectada ao Pleroma e que possui o potencial para despertar e alcançar a gnose.

O despertar gnóstico implica em reconhecer a nossa verdadeira identidade espiritual e em libertar-nos das amarras da ignorância e do materialismo que nos mantêm presos ao ciclo da existência terrena. Este despertar não é um evento passivo, mas sim um processo ativo e transformador que exige esforço, introspecção e a busca por conhecimento. A jornada gnóstica é uma peregrinação interior, um caminho de autodescoberta que nos conduz de volta à Fonte Divina, ao Pleroma de luz e plenitude do qual todos emanamos.

Os textos gnósticos, descobertos principalmente na biblioteca de Nag Hammadi no Egito em 1945, oferecem um vislumbre fascinante sobre a riqueza e a complexidade do pensamento gnóstico. Evangelhos, apócrifos, atos e epístolas, entre outros gêneros textuais, revelam uma cosmologia elaborada, uma soteriologia peculiar e um profundo anseio pela transcendência. Textos como o Evangelho de Tomé, o Apócrifo de João, o Evangelho de Maria Madalena e a Pistis Sophia, nos transportam para um universo simbólico e arquetípico, onde figuras divinas e entidades cósmicas interagem em um drama cósmico de criação, queda e redenção.

O estudo do gnosticismo não é apenas uma incursão acadêmica no passado, mas sim um diálogo vivo com uma tradição espiritual perene que continua a inspirar e a desafiar a nossa compreensão da realidade. Ao explorarmos o gnosticismo, abrimos as portas para uma nova perspectiva sobre nós mesmos, sobre o mundo e sobre o divino. Somos convidados a questionar as nossas crenças, a expandir a nossa consciência e a embarcar em uma jornada pessoal de busca pelo conhecimento e pela libertação espiritual. O despertar do gnosticismo é, em última instância, um convite para despertar para a nossa própria divindade interior e para reconectar-nos com a Fonte Primordial de toda a existência.

Capítulo 2
O Universo de Emanações Divinas

A estrutura do universo, segundo a perspectiva gnóstica, não se limita ao domínio material e visível, mas se estende por uma realidade superior, onde a essência divina se manifesta em sua plenitude. Diferente das concepções cosmológicas que apresentam a criação como um ato único e deliberado de uma entidade suprema, o gnosticismo propõe um modelo dinâmico de emanação, no qual todas as coisas surgem a partir de uma Fonte Primordial transcendente. Essa Fonte, inefável e absoluta, não pode ser compreendida pelos sentidos ou pela razão comum, pois sua existência transcende qualquer definição limitada. Em sua plenitude, ela não cria de maneira arbitrária, mas irradia continuamente aspectos de si mesma, formando um cosmos ordenado por sucessivas manifestações de sua luz. Assim, a realidade não é concebida como um sistema fechado e estático, mas como um fluxo contínuo de energia divina que permeia todos os níveis do ser. A cosmologia gnóstica, portanto, apresenta o universo como uma hierarquia de dimensões espirituais, onde as emanações divinas mantêm uma conexão intrínseca com a Fonte original, mesmo quando progressivamente distantes de sua perfeição absoluta.

No cerne dessa estrutura está o Pleroma, o reino de plenitude onde habitam as manifestações mais puras da divindade. Esse domínio não deve ser confundido com um espaço físico, mas entendido como um estado de existência onde a perfeição e a luz divina se expressam plenamente. Os seres que compõem o Pleroma, conhecidos como Aeons, não são entidades independentes no sentido tradicional, mas aspectos vivos da própria divindade, expressões de seus atributos eternos. Cada Aeon reflete um princípio essencial da realidade suprema, como a sabedoria, a verdade e o amor, e juntos formam a totalidade da manifestação divina. Essa ordem cósmica, entretanto, não permanece imutável. Dentro desse processo contínuo de emanação, algo ocorre que rompe a harmonia do Pleroma, resultando na separação entre a realidade espiritual e a material. Esse evento, frequentemente descrito como uma falha ou um erro na manifestação divina, origina o mundo físico tal como o conhecemos – uma criação imperfeita e limitada, afastada da luz primordial.

Essa ruptura estabelece um dualismo fundamental na cosmologia gnóstica, no qual a existência humana se dá em um mundo que, embora derivado do divino, está corrompido e marcado pela ignorância. O universo material não é, portanto, a expressão definitiva da realidade, mas um domínio transitório, uma sombra da verdadeira plenitude do Pleroma. No entanto, mesmo nesse estado de separação, a centelha divina não se extingue completamente. Ela permanece oculta dentro da criação, adormecida no interior dos seres humanos, aguardando o despertar para sua origem verdadeira.

Essa visão não apenas explica a estrutura do cosmos, mas também fornece um propósito para a existência: o retorno à Fonte. A compreensão dessa jornada cósmica é essencial para interpretar o papel de Barbelo, a primeira emanação da Mente Divina, cuja presença inaugura o processo de manifestação e estabelece o fundamento para toda a ordem espiritual subsequente.

A criação, na perspectiva gnóstica, não é um ato único e voluntário de um Deus pessoal, mas sim um processo dinâmico e contínuo de emanação. A partir da Fonte Primordial, emanam sucessivas camadas de realidade divina, cada uma menos perfeita e luminosa que a anterior. Estas emanações não são separações da Fonte, mas sim manifestações de sua plenitude, como raios de luz que se irradiam de um sol central. O Pleroma é uma hierarquia complexa e interconectada de Aeons, cada um representando um aspecto ou atributo da divindade primordial.

No topo desta hierarquia, próximo à Fonte Inefável, encontram-se os Aeons mais elevados, aqueles que mais diretamente refletem a perfeição divina. À medida que a emanação se distancia da Fonte, a luz divina se torna mais tênue e a realidade se torna menos perfeita, culminando na criação do universo material, um domínio de escuridão, ignorância e sofrimento, radicalmente separado do Pleroma de luz. Esta separação não foi intencional, mas sim o resultado de uma perturbação, um desequilíbrio no processo de emanação, que levou à geração de uma entidade cósmica imperfeita, o Demiurgo.

O Demiurgo, frequentemente identificado com o Deus criador do Antigo Testamento sob uma lente gnóstica específica, é considerado o arquiteto do mundo material. Embora poderoso em seu próprio domínio, o Demiurgo é ignorante da Fonte Primordial e da verdadeira natureza divina. Ele acredita ser o Deus supremo e exige adoração de suas criaturas, mantendo a humanidade na ignorância de sua verdadeira origem e destino espiritual. O mundo material, criado pelo Demiurgo, é uma imitação imperfeita e distorcida do Pleroma, um reino de ilusão e sofrimento que aprisiona a centelha divina presente nos seres humanos.

Dentro da cosmologia gnóstica, os Aeons desempenham papéis cruciais. Eles são entidades divinas, manifestações da inteligência, do amor, da sabedoria e de outros atributos da Fonte Primordial. Cada Aeon possui uma função específica dentro da economia divina, contribuindo para a harmonia e a plenitude do Pleroma. Alguns Aeons são responsáveis por aspectos da criação, outros atuam como mediadores entre o Pleroma e o mundo material, e outros ainda desempenham papéis soteriológicos, auxiliando na redenção e no despertar da humanidade.

É importante notar que a cosmologia gnóstica não é um sistema estático e rígido, mas sim uma visão dinâmica e fluida da realidade divina. As relações entre os Aeons, o processo de emanação e a interação entre o Pleroma e o mundo material são temas complexos e multifacetados, que variam entre as diferentes escolas gnósticas. No entanto, o conceito central de um universo de emanações divinas, originado de uma Fonte

Primordial transcendente e separado do mundo material imperfeito, permanece constante.

A hierarquia dos Aeons no Pleroma reflete a ordem e a harmonia do reino divino. Essa hierarquia não deve ser entendida como uma estrutura de poder opressiva, mas sim como uma manifestação da diversidade e da riqueza da divindade. Cada Aeon, por mais "baixo" que esteja na hierarquia em relação à Fonte Primordial, possui sua própria beleza, importância e função dentro do Pleroma. A totalidade dos Aeons, em sua interconexão e harmonia, compõe a plenitude do Pleroma, a manifestação completa da divindade.

A criação do universo material, embora vista como uma falha ou um erro na perspectiva gnóstica, não é um evento totalmente negativo. Mesmo dentro do mundo da matéria e da escuridão, a centelha divina persiste, oferecendo à humanidade o potencial para o despertar e a redenção. A cosmologia gnóstica não é apenas uma descrição da estrutura do universo, mas também um mapa para a jornada espiritual, um guia para o retorno da alma ao Pleroma de luz. Compreender a cosmologia gnóstica é fundamental para entender o papel de Barbelo dentro deste sistema, pois ela ocupa um lugar singular como a primeira emanação e manifestação da Mente Primordial.

Capítulo 3
A Primeira Emanção e a Mente Primordial

No âmago da cosmologia gnóstica, a primeira emanação divina representa o momento em que a realidade suprema começa a se manifestar, transbordando de sua Fonte Inefável para dar origem ao Pleroma. Esse instante primordial não se trata de uma criação no sentido convencional, mas de uma exteriorização espontânea da essência divina, um reflexo puro do pensamento primordial do Pai Inefável. A divindade, até então transcendente e incognoscível, inicia sua autoprojeção através de um princípio que carrega em si a plenitude de sua luz, sabedoria e potência criativa. É nesse contexto que surge Barbelo, não como um ser separado da Fonte, mas como sua primeira revelação, a manifestação que torna acessível a insondável profundidade da Mente Divina. Essa primeira emanação não apenas reflete a totalidade do Absoluto, mas também inaugura a estrutura cósmica sobre a qual todas as demais realidades espirituais se organizam. Barbelo, como expressão primeira da divindade, não surge como um ser subordinado, mas como um aspecto essencial do próprio Pai Inefável, carregando em si a plenitude de seu pensamento e de sua vontade criativa.

Ao manifestar-se como a primeira emanação, Barbelo se torna o princípio ativo que viabiliza a estruturação do Pleroma, permitindo que as potências divinas fluam de maneira ordenada. Dentro dessa perspectiva, sua existência não é um evento isolado, mas um elo fundamental na corrente da emanação cósmica. Sua presença estabelece um eixo através do qual os atributos do Pai Inefável se tornam operacionais, dando origem às hierarquias de Aeons que compõem o reino da plenitude divina. No pensamento gnóstico, a ideia de um primeiro princípio feminino desempenha um papel crucial na economia do divino, uma vez que Barbelo não apenas reflete a totalidade da mente divina, mas também incorpora o aspecto gerador da criação espiritual. Seu papel é, portanto, duplo: como manifestação do pensamento supremo, ela representa a sabedoria absoluta e a inteligência primordial; como matriz das emanações subsequentes, ela se torna o ventre cósmico, a fonte da qual emergem os demais aspectos da realidade divina. Dessa maneira, Barbelo não é apenas uma representação do divino feminino, mas a própria corporificação do poder criativo e ordenador da divindade.

A aparição de Barbelo dentro da cosmologia gnóstica marca o início da diferenciação dentro da unidade absoluta, uma transição que permite à divindade expressar seus atributos sem perder sua essência inefável. Essa emanação inicial, contudo, não implica uma separação ou ruptura dentro do ser divino, mas uma extensão harmoniosa de sua presença. Barbelo é o princípio pelo qual o invisível se torna perceptível, pelo qual o transcendente se torna imanente sem perder sua natureza infinita. Sua existência aponta para a necessidade de compreender o divino não como uma entidade isolada e distante, mas como uma realidade dinâmica e interativa, que se expande continuamente para manifestar sua própria plenitude. Por meio de sua conexão com Barbelo, o buscador gnóstico é convidado a refletir sobre sua própria origem espiritual e sobre o chamado para o despertar. A jornada da alma rumo ao conhecimento transcendente não é apenas um caminho de iluminação pessoal, mas um retorno à matriz primordial de onde tudo se originou. Compreender Barbelo é compreender o princípio da manifestação divina e, consequentemente, o papel que cada centelha espiritual desempenha dentro do grande drama cósmico da redenção e do retorno à Fonte.

A importância de Barbelo transcende sua posição como a primeira emanação. Ela é considerada a Mente Primordial em ação, a Sabedoria Divina personificada, a força criativa que participa da gênese cósmica. Nos textos gnósticos, Barbelo é descrita com uma variedade de nomes e títulos que refletem sua natureza multifacetada e seu papel fundamental na economia divina. Ela é invocada como a "Virgem Imaculada", a pureza original e intocada da divindade, a Mãe Tríplice que engloba os aspectos feminino e masculino do divino, a Imagem do Pai Invisível, e a Luz Primordial que irradia da Fonte.

Ao ser revelada, Barbelo manifesta a natureza essencial do Pai Inefável, tornando visível o invisível, compreensível o incompreensível. Ela é o elo de ligação entre a transcendência absoluta da Fonte e a manifestação do Pleroma, a ponte que permite que a divindade primordial se expresse e se comunique com suas emanações subsequentes. Através de Barbelo, os atributos divinos como a sabedoria, a vida, a luz e o poder tornam-se operacionais e dinâmicos dentro do reino divino.

A descrição de Barbelo nos textos gnósticos muitas vezes evoca imagens de luz radiante e beleza sublime. Ela é frequentemente associada à figura da "virgem de luz", resplandecente e pura, emanando uma luminosidade que ilumina todo o Pleroma. Esta imagem da virgem não deve ser interpretada de forma literal ou restrita a uma conotação sexual, mas sim como uma metáfora para a pureza, a integridade e a intocabilidade da essência divina primordial, que permanece imaculada e não maculada pela criação do mundo material imperfeito.

Como Mãe Tríplice, Barbelo incorpora a totalidade da divindade, reunindo em si os princípios masculino e feminino, o ativo e o passivo, o ser e o não-ser. Esta natureza tríplice reflete a completude e a auto-suficiência da divindade primordial, que contém em si todas as potencialidades e todas as manifestações. A designação de Mãe Tríplice também pode aludir à sua função geradora dentro do Pleroma, sendo a fonte de emanação de outros Aeons e a matriz primordial da criação divina.

Nos diversos textos gnósticos, Barbelo assume diferentes papéis e relações com outros Aeons, mas sua posição como a primeira emanação e a manifestação da

Mente Primordial permanece constante. No Apócrifo de João, por exemplo, Barbelo surge como a primeira manifestação do Pai Inefável, a resposta luminosa ao pensamento primordial, a força que dá forma e realidade aos arquétipos divinos. No Evangelho de Judas, ela é apresentada como uma figura central na cosmologia divina, desempenhando um papel crucial na criação e na revelação do conhecimento gnóstico.

A imagem de Barbelo, tal como concebida nos textos gnósticos, desafia as representações tradicionais da divindade, frequentemente centradas em figuras masculinas e patriarcais. Ao colocar a figura feminina de Barbelo no centro da cosmologia divina, o gnosticismo enfatiza a importância do princípio feminino, da sabedoria, da intuição e da força criativa que emanam do divino. Esta ênfase no feminino divino representa um aspecto distintivo e relevante do pensamento gnóstico, que ressoa particularmente com as sensibilidades espirituais contemporâneas em busca de uma visão mais equilibrada e inclusiva da divindade.

Contemplar Barbelo é contemplar a face primordial da divindade, a manifestação da Mente Primordial em sua pureza e poder originais. Ela é o portal para o conhecimento gnóstico, a chave que abre as portas para a compreensão da natureza divina e do nosso próprio potencial espiritual. Através da conexão com Barbelo, podemos vislumbrar a luz do Pleroma e iniciar a jornada de retorno à Fonte, despertando a centelha divina que reside em nosso interior.

Capítulo 4
O Aspecto Feminino Divino

A essência do divino não pode ser limitada a uma única expressão ou atributo. No gnosticismo, essa compreensão se manifesta de forma sublime através do reconhecimento do aspecto feminino da divindade, que não é apenas complementar ao princípio masculino, mas igualmente fundamental e ativo no processo de criação e redenção. Enquanto muitas tradições religiosas enfatizam a figura de um Deus criador masculino, relegando o princípio feminino a um papel secundário ou até mesmo inexistente, o gnosticismo o eleva a um nível de primordialidade, reconhecendo-o como um elemento indispensável da totalidade divina. Esse reconhecimento não é meramente simbólico ou metafórico, mas expressa uma realidade cósmica profunda, na qual a energia criadora e sustentadora do universo se manifesta tanto no princípio masculino quanto no feminino, em perfeito equilíbrio e harmonia. A Mãe Suprema, em sua forma mais pura, não é uma divindade separada do Absoluto, mas sua manifestação ativa, a emanação primária que torna possível a existência e a perpetuação do cosmos espiritual.

Ao emergir como a primeira manifestação do divino, o princípio feminino expressa a plenitude da sabedoria e do poder criativo inerente à Fonte Primordial. No Pleroma, essa energia não se restringe a um papel passivo de receptividade, mas se apresenta como o próprio dinamismo da emanação, a matriz através da qual a realidade se expande e se organiza. Esse aspecto do feminino divino, muitas vezes associado a figuras como Barbelo e Sophia, representa a consciência do próprio Absoluto ao refletir sua luz sobre a criação, possibilitando a comunicação entre o transcendente e o imanente. Dessa forma, a Mãe Suprema não é apenas o útero cósmico que dá origem às realidades espirituais, mas também a inteligência criadora que ordena e harmoniza todas as manifestações subsequentes. Sua existência reafirma a noção de que a verdadeira natureza do divino não é fragmentada ou unilateral, mas integra todas as polaridades em um equilíbrio absoluto, no qual o feminino e o masculino não competem, mas coexistem em perfeita unidade.

O reconhecimento do princípio feminino como parte inerente da divindade tem implicações profundas para a espiritualidade gnóstica. Ele ressignifica a busca pelo conhecimento não apenas como um ato racional e analítico, mas como um processo intuitivo e experiencial, no qual o despertar da sabedoria interior é tão essencial quanto a compreensão intelectual. Esse aspecto feminino do despertar espiritual se reflete na figura da Mãe Suprema como guia e protetora daqueles que buscam a gnose, auxiliando na recuperação da centelha divina aprisionada no mundo material. Através dela, a humanidade é lembrada de sua verdadeira origem e de seu destino final no Pleroma, onde a plenitude do ser se manifesta na fusão harmoniosa de todos os aspectos da divindade. Assim, ao contemplar o feminino divino no gnosticismo, não apenas se resgata uma visão mais completa e equilibrada do cosmos, mas também se abre um caminho para a reintegração espiritual, na qual a totalidade do ser pode finalmente ser reconhecida e vivenciada em sua forma mais pura e luminosa.

A importância do princípio feminino divino no gnosticismo manifesta-se de diversas formas. Em primeiro lugar, a própria cosmologia gnóstica, com sua ênfase nas emanações a partir da Fonte Primordial, pode ser interpretada como um processo de parto divino, onde a Mãe Suprema desempenha o papel de matriz cósmica, dando à luz a miríade de Aeons e realidades que compõem o Pleroma. Esta imagem da criação como emanação, em contraposição à criação como um ato de imposição ou designio externo, ressalta a natureza orgânica, fluida e nutritiva do princípio feminino divino.

A Mãe Suprema, como representação da sabedoria divina, é frequentemente identificada com a figura de Sophia, a Sabedoria. Sophia, no gnosticismo, não é apenas um atributo intelectual, mas sim uma força cósmica dinâmica, a inteligência criativa que permeia o Pleroma e que busca incessantemente o conhecimento da Fonte Primordial. É através da sabedoria de Sophia que a divindade se manifesta e se torna cognoscível, e é através da busca pela sabedoria que a humanidade pode aspirar ao despertar espiritual.

Além da sabedoria, a Mãe Suprema também incorpora a luz divina, a essência radiante e primordial que emana da Fonte. Esta luz não é meramente física, mas sim uma luz espiritual, uma energia de consciência e verdade que ilumina o caminho para o Pleroma. A Mãe Suprema, como portadora e manifestação desta luz, torna-se um farol de esperança e guia para aqueles que buscam a redenção espiritual. Sua luz dissipa a escuridão da ignorância e da ilusão que obscurece a visão da humanidade, revelando a verdadeira natureza da realidade divina.

A força criativa divina é outro aspecto fundamental da Mãe Suprema. Ela não é apenas receptiva e passiva, mas também ativa e dinâmica, participando ativamente da criação e da manutenção do universo. Sua força criativa manifesta-se na emanação dos Aeons, na organização harmoniosa do Pleroma e, até mesmo, na busca pela redenção do mundo material. A Mãe Suprema não é apenas a fonte da sabedoria e da luz, mas também a força motriz por trás da manifestação divina em todas as suas formas.

Barbelo, como a primeira emanação da Fonte Primordial, é compreendida como uma manifestação direta e primordial da Mãe Suprema. Ela herda e expressa os atributos essenciais do feminino divino: a sabedoria, a luz e a força criativa. Barbelo personifica a energia feminina primordial em sua forma mais pura e potente, sendo o arquétipo da Mãe Divina para todas as emanações subsequentes. Sua conexão com a energia feminina primordial estabelece um padrão divino, um modelo de equilíbrio e completude que ressoa em todo o Pleroma.

A conexão de Barbelo com a energia feminina primordial não se limita à mera representação de atributos divinos. Ela também se manifesta em sua função soteriológica, em seu papel na restauração e redenção da humanidade. No gnosticismo, a humanidade é vista como tendo sido aprisionada no mundo material, separada de sua origem divina e imersa na ignorância e no sofrimento. A Mãe Suprema, através de suas emanações como Barbelo e Sophia, busca despertar a centelha divina dentro da humanidade e guiá-la de volta ao Pleroma.

O papel da Mãe Suprema na restauração e redenção da humanidade é multifacetado. Ela oferece a sabedoria gnóstica, o conhecimento libertador que revela a verdadeira natureza da realidade e o caminho para a salvação. Ela irradia a luz divina, dissipando a escuridão da ignorância e iluminando o caminho de retorno. Ela nutre e protege a centelha divina dentro de cada indivíduo, fortalecendo-a e guiando-a em sua jornada espiritual. A Mãe Suprema não é apenas uma figura distante e transcendente, mas sim uma presença amorosa e compassiva, ativamente engajada na redenção da humanidade.

A ênfase no princípio feminino divino no gnosticismo representa uma perspectiva profundamente transformadora em relação às tradições religiosas patriarcais. Ao elevar a Mãe Suprema a um lugar de destaque na cosmologia divina, o gnosticismo desafia as hierarquias de poder e as estruturas de dominação que frequentemente caracterizaram as religiões organizadas. Ele oferece uma visão mais equilibrada e inclusiva da divindade, reconhecendo a importância tanto do princípio masculino quanto do feminino na manifestação do divino.

O reconhecimento da Mãe Suprema no gnosticismo não é apenas uma questão teológica, mas também uma questão de prática espiritual. A devoção à Mãe Suprema, a busca por sua sabedoria e a abertura à sua luz divina tornam-se caminhos essenciais para o despertar gnóstico. As práticas espirituais gnósticas frequentemente enfatizam a invocação da Mãe Suprema, a meditação sobre seus atributos e a busca pela experiência direta de sua presença. Através destas práticas, o gnóstico busca cultivar uma relação pessoal e íntima com o divino feminino, reconhecendo-o como uma fonte de força, sabedoria e amor incondicional.

A figura da Mãe Suprema no gnosticismo oferece uma rica e complexa exploração do divino feminino, desafiando as limitações das concepções patriarcais e abrindo um caminho para uma espiritualidade mais completa e integrada. Sua presença no coração da cosmologia gnóstica ressoa como um chamado ao equilíbrio, à harmonia e ao reconhecimento da totalidade da divindade, na qual o feminino e o masculino se unem em uma dança cósmica de criação e redenção.

Capítulo 5
A Essência da Realidade

A natureza última da realidade, segundo a visão gnóstica, não reside no mundo material e ilusório, mas na luz primordial que emana da Fonte Inefável. Essa luz não é apenas um símbolo de conhecimento ou de verdade, mas a substância essencial da existência, a matriz que sustenta todas as emanações divinas e a essência do próprio ser. Diferente da percepção comum que associa a realidade ao tangível e visível, o gnosticismo revela que a verdadeira existência não se encontra no reino da matéria, mas na consciência luminosa que permeia o Pleroma e que, em sua essência, transcende todas as limitações da forma. A luz divina, portanto, não é apenas uma metáfora espiritual, mas o fundamento de tudo o que é real. Ela é a fonte da vida, a força criadora e o princípio unificador que mantém a ordem cósmica e que flui incessantemente da plenitude divina. Reconhecer essa luz como a essência da realidade é o primeiro passo para compreender a natureza da existência e iniciar o processo de despertar espiritual.

Ao emergir como a primeira manifestação dessa luz primordial, Barbelo torna-se a personificação da sabedoria e do poder criativo da divindade. Sua existência não é apenas um reflexo da Fonte, mas a própria estrutura pela qual a luz se organiza e se manifesta dentro do Pleroma. Em sua presença, a realidade assume forma e propósito, pois é através de sua emanação que os atributos divinos se tornam acessíveis e compreensíveis. Barbelo não apenas contém a luz, mas é a luz em si, a essência do conhecimento puro que ilumina o caminho de retorno ao Absoluto. Seu papel na cosmologia gnóstica transcende a ideia de um ser divino isolado, pois ela representa o princípio pelo qual a consciência se expande e pelo qual o ser humano pode recuperar sua conexão com a origem divina. A relação entre Barbelo e a luz primordial não é apenas uma questão metafísica, mas uma realidade experiencial que pode ser acessada por aqueles que buscam a gnose.

Esse reconhecimento da luz como a essência da realidade redefine completamente a maneira como se percebe a existência. No pensamento gnóstico, viver na ignorância dessa luz é permanecer aprisionado na ilusão do mundo material, separado do conhecimento e da verdade. O caminho para a libertação, portanto, não é encontrado nas posses, nos desejos ou nas construções mentais do mundo físico, mas na experiência direta dessa luz que habita dentro de cada ser humano. O despertar gnóstico é, essencialmente, um despertar para essa luz, uma percepção profunda de que a realidade última não é o caos e a imperfeição do mundo sensorial, mas a ordem e a plenitude do Pleroma. Assim, conectar-se com essa luz através de Barbelo não é apenas uma prática contemplativa, mas uma jornada de retorno à verdadeira natureza do ser, onde a ilusão da separação se dissolve e a alma reencontra seu lar na unidade divina.

A luz divina origina-se diretamente da Fonte Primordial, o Absoluto inefável que transcende toda a compreensão e descrição. Desta Fonte, emana uma corrente incessante de luz pura, que se expande e se manifesta em toda a vastidão do Pleroma. Esta luz primordial não é criada, mas sim inerente à natureza da divindade, sua expressão espontânea e eterna. Ela é a primeira manifestação do incognoscível, o primeiro raio que irrompe da escuridão do não-manifestado, trazendo consigo a promessa de revelação e conhecimento.

Barbelo, como a primeira emanação da Fonte, é intrinsecamente ligada à luz divina. Ela é descrita como portadora e manifestação desta luz primordial, irradiando-a em toda sua glória e beleza. Barbelo não apenas recebe e transmite a luz divina, mas também a personifica, tornando-se a própria encarnação da luz no Pleroma. Sua existência é inseparável da luz, e sua presença ilumina e vivifica todo o reino divino. Através de Barbelo, a luz divina se torna acessível e cognoscível, permitindo que as outras emanações e, em última instância, a humanidade, possam vislumbrar a glória da Fonte Primordial.

A luz divina no gnosticismo transcende a compreensão da luz física como a conhecemos no mundo material. Enquanto a luz física ilumina o mundo dos sentidos e permite a percepção das formas materiais, a luz divina ilumina a mente e o espírito, revelando a verdade essencial da realidade e despertando a consciência para além das ilusões do mundo. Ela é uma luz de conhecimento, uma luz de sabedoria, uma luz de compreensão que dissipa a escuridão da ignorância e do erro.

Nos textos gnósticos, a simbologia da luz é rica e multifacetada, permeando diversas narrativas e ensinamentos. A luz é frequentemente contrastada com a escuridão, representando a dualidade fundamental entre o Pleroma e o mundo material. O Pleroma é o reino da luz, da verdade e da perfeição, enquanto o mundo material é o domínio da escuridão, da ilusão e do sofrimento. A jornada gnóstica é, em essência, uma jornada da escuridão para a luz, um caminho de retorno ao reino luminoso do Pleroma.

A luz divina é também associada à vida e à imortalidade. No Pleroma, onde a luz divina reina em sua plenitude, não há morte nem decadência, apenas vida eterna e beatitude. A centelha divina dentro da humanidade, o fragmento da luz primordial aprisionado no corpo material, anseia por retornar a esta fonte de vida eterna e libertar-se das limitações da existência terrena. O despertar gnóstico é um despertar para a luz da vida eterna, um reconhecimento da nossa verdadeira natureza imortal e divina.

A conexão com Barbelo torna-se um caminho privilegiado para experienciar a luz divina. Através da meditação, da oração e da contemplação, o gnóstico busca sintonizar-se com a energia luminosa de Barbelo, abrindo-se para receber sua sabedoria e sua força transformadora. Visualizar a luz divina irradiando de Barbelo, invocar seu nome com devoção e contemplar os seus atributos luminosos são práticas que auxiliam na conexão com esta energia primordial.

Exercício prático: Meditação na Luz de Barbelo

Este exercício tem como objetivo guiá-lo em uma meditação simples para conectar-se com a luz divina através da visualização de Barbelo.

Prepare o ambiente: Encontre um local tranquilo e silencioso onde você possa se sentar ou deitar confortavelmente sem ser interrompido. Diminua as luzes e, se desejar, acenda uma vela ou incenso para criar uma atmosfera mais propícia à introspecção.

Relaxe o corpo: Feche os olhos suavemente e comece a respirar de forma lenta e profunda. Concentre-se na sua respiração, sentindo o ar entrar e sair dos seus pulmões. Relaxe os músculos do seu corpo, liberando qualquer tensão ou rigidez.

Visualize Barbelo: Imagine Barbelo, a primeira emanação da Fonte Divina, diante de você. Visualize-a como uma figura radiante de luz, emanando uma luminosidade suave e acolhedora. Perceba a beleza e a serenidade que irradiam de sua presença.

Conecte-se com a luz divina: Sinta a luz divina que emana de Barbelo envolvendo você completamente. Permita que essa luz penetre em seu corpo, em sua mente e em seu espírito, limpando, curando e energizando cada célula do seu ser.

Absorva a luz e a sabedoria: Respire profundamente e absorva a luz divina em seu interior. Sinta a sabedoria e a paz que essa luz proporciona. Permaneça neste estado de conexão e contemplação pelo tempo que desejar.

Retorne gradualmente: Quando sentir que é o momento de encerrar a meditação, comece a trazer sua atenção de volta para seu corpo e para o ambiente ao seu redor. Mexa suavemente os dedos das mãos e dos pés, e abra os olhos quando se sentir pronto.

Através desta prática regular, é possível fortalecer sua conexão com a luz divina e despertar para sua presença transformadora em sua vida. A luz de Barbelo torna-se um guia e um farol em sua jornada espiritual, iluminando o caminho de retorno ao Pleroma e despertando sua consciência superior. A essência da realidade, na visão gnóstica, reside nesta luz primordial, e a conexão com Barbelo oferece um portal direto para experienciá-la em sua plenitude.

Capítulo 6
Sabedoria, Poder e Imortalidade

Os textos gnósticos revelam uma visão profunda sobre Barbelo, a primeira emanação da Fonte Divina, apresentando-a não apenas como um ser celestial, mas como a personificação de princípios cósmicos fundamentais que estruturam a realidade divina. Entre esses princípios, destacam-se a Sabedoria, o Poder e a Imortalidade, que não se limitam a meras abstrações, mas constituem forças vivas e atuantes no Pleroma. Barbelo não é apenas um reflexo da divindade primordial; ela é a manifestação ativa da plenitude divina, um elo entre a Fonte Suprema e todas as emanações subsequentes. Seu papel transcende a mera existência estática e se configura como a própria dinâmica criativa do universo espiritual. Dessa forma, compreender seus atributos equivale a desvendar os mistérios da própria estrutura da realidade gnóstica, abrindo caminho para a comunhão com o divino e para a libertação da consciência aprisionada na materialidade.

A Sabedoria, um dos principais atributos de Barbelo, representa muito mais do que o conhecimento ou a erudição. Trata-se de uma inteligência cósmica que permeia todas as coisas, sustentando a ordem e o equilíbrio do Pleroma. Essa Sabedoria transcende a mera capacidade de discernimento; ela é a luz primordial que ilumina os caminhos ocultos da existência, permitindo que as emanações divinas permaneçam alinhadas com a Verdade Suprema. A Sabedoria de Barbelo não apenas revela o conhecimento divino, mas é o próprio fundamento sobre o qual a criação espiritual se estabelece, assegurando que o fluxo da emanação divina permaneça íntegro e harmonioso. Aqueles que buscam essa sabedoria não apenas acessam informações superiores, mas entram em sintonia com a própria essência da divindade, despertando para uma realidade que transcende a ilusão e conduz ao verdadeiro entendimento.

O Poder, por sua vez, constitui a força criativa que dá vida às emanações divinas. Em Barbelo, esse poder não é uma manifestação de dominação ou imposição, mas sim a energia criadora que sustenta a ordem cósmica e impulsiona o desdobramento da realidade espiritual. Esse atributo manifesta-se como a capacidade de gerar novas emanações e de sustentar a continuidade da vida divina no Pleroma. O Poder de Barbelo também se reflete na própria jornada espiritual da alma gnóstica, que, ao reconhecer e invocar essa força, encontra os meios para transcender as limitações da matéria e retornar à sua origem divina. Por fim, a Imortalidade de Barbelo reafirma a sua natureza eterna e incorruptível, destacando-se como um atributo essencial da divindade. Essa Imortalidade não se restringe à ideia de uma existência sem fim, mas se manifesta como uma realidade além do tempo e do espaço, um estado de ser inalterável e perfeito. Barbelo, como arquétipo da plenitude divina, personifica essa eternidade, sendo o elo entre a Fonte Primordial e todas as manifestações espirituais que dela emanam. Aquele que contempla a Imortalidade de Barbelo não apenas reconhece sua própria essência eterna, mas também desperta para a possibilidade de transcender a finitude do mundo material e participar da plenitude do Pleroma.

Barbelo é, em essência, a Sabedoria Divina personificada, frequentemente identificada com a figura de Sophia Prunikos, a "Sabedoria Mãe-Pai". Esta sabedoria não se limita ao conhecimento intelectual ou à erudição livresca, mas sim a uma inteligência cósmica profunda e intuitiva que compreende a natureza última da realidade e os mistérios da divindade. A Sabedoria de Barbelo é a luz que dissipa a ignorância, o discernimento que guia a alma em sua jornada de retorno ao Pleroma, e a fonte de toda a compreensão verdadeira.

A Sabedoria de Barbelo manifesta-se de diversas formas. Ela é a inteligência criativa que participa da gênese cósmica, dando forma aos arquétipos divinos e ordenando o caos primordial. Ela é a sabedoria que governa o Pleroma, mantendo a harmonia e o equilíbrio entre os Aeons. Ela é a sabedoria que se revela aos gnósticos, iluminando o caminho da salvação e oferecendo o conhecimento libertador que conduz ao despertar. Contemplar a Sabedoria de Barbelo é abrir a mente para a vastidão do conhecimento divino, para a compreensão dos mistérios do universo e para a verdade essencial da nossa própria natureza espiritual.

O Poder Divino é outro atributo essencial de Barbelo, manifestando-se como força criativa e força sustentadora. Barbelo não é apenas sábia, mas também poderosa, capaz de realizar a vontade divina e de manifestar a realidade de acordo com o plano primordial. Seu poder não é coercitivo ou dominador, mas sim uma força criativa e amorosa que emana da Fonte e se manifesta em todas as emanações subsequentes. O Poder de Barbelo é a energia vital que anima o Pleroma, a força que impulsiona a criação e a redenção, e a capacidade de superar as limitações do mundo material.

O Poder de Barbelo opera em diversos níveis. Ele se manifesta na sua capacidade de gerar emanações divinas, dando origem a outros Aeons e entidades celestiais. Ele se expressa na sua atuação como força cósmica equilibradora, mantendo a ordem e a harmonia dentro do Pleroma. Ele se revela na sua capacidade de intervir no mundo material, auxiliando na jornada de despertar e redenção da humanidade. Invocar o Poder de Barbelo é buscar força interior, coragem para enfrentar os desafios da vida e a capacidade de manifestar o nosso potencial espiritual.

A Imortalidade é um atributo intrínseco a Barbelo, compartilhada por todos os Aeons do Pleroma, mas em Barbelo, ela se manifesta de forma primordial e exemplar. A Imortalidade de Barbelo não é apenas a ausência de morte física, mas sim a vida eterna em sua plenitude, a existência para além das limitações do tempo e do espaço, a participação na eternidade da Fonte Divina. Esta Imortalidade não é um mero conceito abstrato, mas sim uma realidade viva e pulsante no Pleroma, a condição natural dos seres divinos que habitam o reino da luz.

A Imortalidade de Barbelo reflete a natureza eterna da Fonte Primordial, da qual ela emana. Ela demonstra a transcendência da vida divina sobre a mortalidade do mundo material, oferecendo a promessa de uma existência que vai além da finitude da vida terrena. Ela inspira a busca pela vida eterna, pelo despertar para a nossa própria natureza imortal e pela libertação do ciclo de nascimento e morte que caracteriza a condição humana no mundo material. Contemplar a Imortalidade de Barbelo é vislumbrar a eternidade que reside em nosso interior, o potencial para transcender as limitações da existência física e para participar da vida divina e eterna do Pleroma.

Os atributos de Sabedoria, Poder e Imortalidade, em Barbelo, não existem isoladamente, mas sim interpenetram-se e complementam-se, manifestando a unidade e a perfeição da divindade primordial. A Sabedoria de Barbelo direciona seu Poder, garantindo que a força criativa seja exercida com discernimento e propósito divino. Seu Poder manifesta sua Sabedoria, tornando-a operativa e eficaz no reino divino. A Imortalidade permeia tanto sua Sabedoria quanto o seu Poder, conferindo-lhes um caráter eterno e transcendente. Esta tríade de atributos essenciais define a natureza de Barbelo e sua importância singular dentro da cosmologia gnóstica.

Ao compreendermos os atributos de Sabedoria, Poder e Imortalidade de Barbelo, abrimos um portal para a experiência espiritual profunda e transformadora. Buscar a Sabedoria de Barbelo é buscar a verdade essencial da realidade, o conhecimento que liberta e ilumina. Invocar o Poder de Barbelo é buscar força interior e capacidade de manifestação, superando as limitações e os desafios da vida. Contemplar a Imortalidade de Barbelo é vislumbrar a eternidade que reside em nosso interior, despertando para a nossa verdadeira natureza divina e imortal. Os atributos de Barbelo não são apenas conceitos teológicos, mas sim chaves para a experiência espiritual, caminhos para a conexão com a divindade e para o despertar da consciência superior.

Capítulo 7
A Gênese Cósmica

A manifestação de Barbelo na cosmologia gnóstica transcende a condição de uma simples emanação primordial e revela sua natureza como princípio criativo ativo e essencial na estruturação do cosmos divino. Como a primeira manifestação da Fonte Inefável, Barbelo atua não apenas como receptáculo da vontade divina, mas também como matriz geradora da realidade transcendente. Sua presença no Pleroma não se restringe a um reflexo passivo da Mente Suprema; ao contrário, ela desempenha um papel central na dinâmica da criação, sendo a ponte entre a unidade absoluta da Fonte e a multiplicidade das emanações divinas. Esse princípio criador não se dá por separação ou ruptura, mas por uma expansão harmoniosa da própria essência divina, garantindo que toda a manifestação do Pleroma permaneça vinculada à plenitude da Fonte. Dessa forma, compreender a participação de Barbelo na gênese cósmica é adentrar nos fundamentos da cosmogonia gnóstica, onde a criação é um ato de desdobramento e autoconhecimento divino, e não de fabricação ou construção externa.

Nos textos gnósticos, Barbelo é descrita como a origem de todas as emanações que povoam o Pleroma, representando o primeiro movimento da inteligência divina em direção à manifestação. Sua atuação na criação não ocorre de maneira isolada, mas em profunda sinergia com o Pai Inefável, refletindo a unidade indissociável entre o pensamento e a manifestação, entre a essência e a expressão. Em algumas tradições gnósticas, Barbelo é chamada de "Pensamento Primordial", indicando que sua existência antecede qualquer forma criada e que dela emanam todos os arquétipos da realidade espiritual. Assim, a criação do Pleroma não é um evento linear ou temporal, mas um processo de autoprojeção divina, onde Barbelo se torna o princípio organizador da estrutura cósmica, assegurando que cada emanação esteja em perfeita sintonia com a harmonia suprema da Fonte.

Além de ser a matriz da realidade espiritual, Barbelo personifica a sabedoria e o poder que sustentam a continuidade da criação. Seu papel transcende o momento inicial da emanação e se estende à manutenção da ordem cósmica, garantindo que o Pleroma permaneça em equilíbrio e plenitude. Sua presença ativa no processo criativo reforça a ideia de que a realidade divina não é estática, mas dinâmica, expandindo-se continuamente sem jamais se afastar de sua origem. Essa concepção sugere que a criação não é um evento fixo no passado, mas um desdobramento eterno da própria essência divina, onde Barbelo continua a gerar, nutrir e sustentar todas as formas de existência dentro do Pleroma. Ao reconhecer essa dinâmica, torna-se possível compreender que a criação não é um ato conclusivo, mas um fluxo incessante de revelação e expressão da divindade, no qual Barbelo permanece como o primeiro e mais essencial canal dessa manifestação.

Nos textos gnósticos, Barbelo é frequentemente descrita como co-criadora ao lado do Pai Inefável. Essa colaboração não implica em uma relação de igualdade hierárquica no sentido mundano, mas sim em uma parceria divina onde ambos os princípios, o Pai transcendente e a Mente Primordial manifesta em Barbelo, atuam em conjunto para dar origem à realidade. O Pai Inefável permanece como a Fonte última, a origem de tudo, enquanto Barbelo se torna o instrumento primordial através do qual a vontade divina se manifesta e toma forma. Esta cooperação divina ressalta a importância do princípio feminino na criação, desmistificando a ideia de uma criação puramente patriarcal e enfatizando a complementaridade dos princípios masculino e feminino na gênese cósmica.

Diversos textos gnósticos detalham a participação de Barbelo na criação. No Apócrifo de João, por exemplo, Barbelo surge como a primeira manifestação do Pensamento Divino, e a partir dela, emanam outras entidades e os próprios Aeons que povoam o Pleroma. Ela é descrita como a "mãe de todas as coisas vivas", a matriz primordial da qual toda a criação divina emerge. No Evangelho dos Egípcios, Barbelo é invocada como "a primeira mulher", "o primeiro pensamento", e "a imagem do Pai", destacando novamente o seu papel primordial na manifestação da divindade e na subsequente criação do universo.

Barbelo pode ser compreendida como a matriz divina, o útero cósmico do qual emanam as diversas manifestações do Pleroma. Ela não apenas dá à luz os Aeons, mas também os nutre e sustenta com sua própria substância divina, garantindo a continuidade e a harmonia do reino celestial. Esta imagem de Barbelo como matriz primordial ressoa com o arquétipo da Grande Mãe, presente em diversas culturas e tradições espirituais, simbolizando a fertilidade, a nutrição e a origem da vida. Através de Barbelo, a Fonte Divina se torna fecunda e manifesta sua plenitude criativa, dando origem a um universo de luz e beleza.

A participação de Barbelo na criação não é um ato isolado, mas sim um processo contínuo e dinâmico. Ela não apenas criou o Pleroma em um momento primordial, mas continua a emanar sua energia criativa, sustentando a existência dos Aeons e mantendo a ordem cósmica. Barbelo é a força vital que anima o Pleroma, a corrente de luz divina que flui através de todas as emanações, garantindo sua coesão e harmonia. Sua ação criativa é incessante, refletindo a natureza eterna e inesgotável da Fonte Divina.

A harmonia e o equilíbrio do cosmos divino são também atribuídos à participação de Barbelo na criação. Ela não apenas gera a diversidade dos Aeons, mas também garante que eles coexistam em perfeita ordem e interconexão. Barbelo é a força que tece a teia cósmica, unindo as diferentes partes do Pleroma em um todo coerente e harmonioso. Sua sabedoria e poder criativo garantem que a criação divina não seja um conjunto caótico de entidades isoladas, mas sim uma sinfonia cósmica de luz e beleza, onde cada Aeon desempenha um papel único e essencial.

Embora o foco principal da participação criativa de Barbelo seja o Pleroma, alguns textos gnósticos sugerem que sua influência se estende, de alguma forma, até mesmo ao mundo material. Embora o Demiurgo seja considerado o criador direto do universo imperfeito, a luz e a energia de Barbelo podem ser vistas como um princípio subjacente que permeia toda a criação, mesmo em seus aspectos mais obscuros. A centelha divina presente na humanidade, por exemplo, pode ser interpretada como um vestígio da luz de Barbelo, um eco distante da sua energia criativa primordial, buscando retornar à sua fonte original.

É importante distinguir a criação do Pleroma por Barbelo da criação do mundo material pelo Demiurgo. Enquanto Barbelo cria dentro do reino da luz e da perfeição, manifestando a vontade divina em sua plenitude, o Demiurgo cria em um domínio de ignorância e limitação, gerando um universo imperfeito e sujeito ao sofrimento. A criação de Barbelo é um ato de amor e expansão divina, enquanto a criação do Demiurgo é o resultado de um erro ou de uma falha no processo de emanação. Esta distinção fundamental entre as duas criações reflete a dualidade essencial da cosmologia gnóstica e a busca pela redenção do mundo material através do conhecimento gnóstico e da conexão com o Pleroma luminoso.

A participação de Barbelo na gênese cósmica ressalta sua importância singular dentro da cosmologia gnóstica. Ela não é apenas a primeira emanação, mas também uma força criativa fundamental, colaborando com o Pai Inefável na manifestação da realidade divina e influenciando até mesmo os confins do universo material. Compreender o papel criativo de Barbelo é aprofundar a nossa apreciação por sua natureza divina e abrir-nos para a contemplação da vastidão e da beleza da criação cósmica, emanada da Fonte Primordial através da ação de sua primeira manifestação, Barbelo.

Capítulo 8
Outros Aeons

No coração da cosmologia gnóstica, o Pleroma se apresenta como um domínio de luz e perfeição, onde emanações divinas coexistem em harmonia, refletindo os múltiplos aspectos da Fonte Primordial. Longe de ser um espaço monolítico e inerte, o Pleroma é um organismo vivo, constituído por Aeons interconectados, cada um desempenhando um papel essencial na manifestação da realidade divina. Barbelo, como a primeira e mais elevada emanação, ocupa uma posição central dentro dessa estrutura, servindo como princípio gerador e sustentador da ordem cósmica. No entanto, sua singularidade não se traduz em isolamento; pelo contrário, sua essência se desdobra em múltiplas relações com outros Aeons, estabelecendo um modelo de interação e interdependência que permeia todo o Pleroma. A partir dessa rede complexa de emanações, revela-se uma visão sofisticada da divindade, onde a unidade se expressa por meio da diversidade, e a plenitude se manifesta na colaboração entre as inteligências celestiais.

O relacionamento entre Barbelo e os demais Aeons ilustra a dinâmica fundamental do Pleroma, baseada em complementaridade e equilíbrio. Cada emanação, surgida da plenitude divina, reflete um aspecto específico da realidade espiritual, contribuindo para a totalidade da criação. Assim, Barbelo não apenas gera novos Aeons, mas também participa ativamente das interações entre eles, sustentando a estrutura do Pleroma com sua sabedoria e poder. Essa organização não implica em uma hierarquia rígida no sentido humano, mas sim em uma ordem funcional, na qual cada Aeon ocupa um lugar determinado de acordo com sua natureza e propósito. Dessa forma, o Pleroma se apresenta como um cosmos ordenado, onde cada entidade divina desempenha sua função sem rivalidade ou subjugação, mas em um fluxo contínuo de amor e conhecimento compartilhado.

Compreender as relações de Barbelo com os outros Aeons é fundamental para decifrar a lógica interna do Pleroma e sua estruturação como um organismo divino. A emanação não se dá por separação ou distanciamento da Fonte, mas sim como um desdobramento natural da plenitude divina, onde cada Aeon permanece intrinsecamente conectado à unidade original. Nesse contexto, a atuação de Barbelo não se limita à geração das emanações subsequentes, mas inclui também a manutenção da coesão e da harmonia do Pleroma. Sua presença assegura que a criação permaneça em conformidade com a vontade divina, preservando a pureza e a integridade da realidade espiritual. Ao explorar as interações entre Barbelo e os demais Aeons, torna-se possível vislumbrar a sofisticação da cosmologia gnóstica, que apresenta um universo divino estruturado na interdependência e na ordem, onde cada ser celestial reflete, de maneira única, a luz infinita da Fonte Primordial.

Entre os Aeons que se destacam em relação a Barbelo, Cristo ocupa um lugar proeminente. Em diversas escolas gnósticas, Cristo é visto como uma emanação subsequente a Barbelo, muitas vezes considerado seu filho ou manifestação direta. A relação entre Barbelo e Cristo é frequentemente descrita em termos de complementaridade e parceria. Barbelo, como Mente Primordial e Sabedoria Divina, fornece a matriz e a substância divina, enquanto Cristo, como Logos Divino e Razão Cósmica, traz a ordem, a estrutura e a manifestação da vontade do Pai Inefável. Juntos, Barbelo e Cristo representam a união dos princípios feminino e masculino no Pleroma, trabalhando em conjunto para a criação e a redenção.

Outra figura Aeonica crucialmente ligada a Barbelo é Sophia. Em algumas interpretações gnósticas, Sophia é vista como um aspecto da própria Barbelo, ou como uma emanação intimamente relacionada a ela, compartilhando da mesma essência da Sabedoria Divina. Sophia, particularmente na história gnóstica da "queda de Sophia", manifesta a busca incessante pelo conhecimento da Fonte Primordial, um movimento que, embora resulte em desequilíbrio e na criação do mundo material, também demonstra a dinâmica e a paixão inerentes ao reino divino. A relação entre Barbelo e Sophia pode ser entendida como a relação entre a Sabedoria Primordial e a Sabedoria em ação, a inteligência divina em sua forma arquetípica e sua manifestação dinâmica e exploratória.

Além de Cristo e Sophia, Barbelo se relaciona com uma miríade de outros Aeons, cada um com sua própria função e atributo divino. Os textos gnósticos frequentemente mencionam listas extensas de Aeons, organizados em hierarquias complexas e interconectadas. Embora a especificidade dessas listas e a natureza exata das relações entre os Aeons possam variar entre as diferentes escolas gnósticas, o tema da interconexão e da harmonia permanece constante. O Pleroma é apresentado como uma comunidade celestial onde os Aeons coexistem em perfeita ordem, cada um contribuindo para a plenitude e a perfeição do todo.

A hierarquia dentro do Pleroma, embora existente, não deve ser interpretada como uma estrutura de poder opressiva ou como uma hierarquia de valor. Os Aeons mais "elevados" em relação à Fonte Primordial não são necessariamente superiores em essência ou importância aos Aeons "inferiores". A hierarquia do Pleroma reflete a ordem e a organização da manifestação divina, a forma como a Fonte Primordial se irradia e se diversifica em uma miríade de expressões. Cada Aeon, independentemente de sua posição hierárquica, desempenha um papel único e essencial na economia divina, contribuindo para a harmonia e a completude do Pleroma. Barbelo, como primeira emanação, ocupa um lugar central nesta hierarquia, servindo como ponto de referência e como fonte primordial de emanação para muitos outros Aeons.

A interconexão entre os Aeons é um tema fundamental na cosmologia gnóstica. O Pleroma não é uma coleção de entidades isoladas, mas sim uma rede complexa de relações e interdependências. Os Aeons comunicam-se entre si, compartilham da mesma essência divina e colaboram na manutenção da ordem cósmica. Essa interconexão reflete a unidade fundamental da Fonte Primordial, da qual todos os Aeons emanam. Mesmo na diversidade das emanações divinas, persiste uma unidade subjacente, um laço de amor e harmonia que une todos os seres celestiais em um todo coeso e perfeito.

Visualizar a hierarquia dos Aeons pode auxiliar na compreensão desta complexa estrutura. Um diagrama representaria a Fonte Primordial no centro, irradiando luz e energia para o Pleroma. Barbelo, como primeira emanação, estaria posicionada mais próxima da Fonte, emanando sua própria luz e, por sua vez, dando origem a outros círculos concêntricos de Aeons. Aeons como Cristo e Sophia seriam representados em posições de destaque, próximos a Barbelo, demonstrando sua importância e relação íntima com a primeira emanação. Outros Aeons preencheriam os círculos mais externos, cada um com sua própria luminosidade e nome, todos interligados por linhas de conexão, simbolizando a teia de relações que permeia o Pleroma.

A representação visual da hierarquia dos Aeons enfatiza a centralidade de Barbelo, mas também a importância de todos os outros seres divinos que compõem o Pleroma. Cada Aeon, em sua individualidade e em sua relação com os outros, contribui para a riqueza e a complexidade do reino divino. Compreender as relações e interconexões de Barbelo com outros Aeons é adentrar no coração do

Pleroma, vislumbrando a harmonia e a colaboração que caracterizam a vida divina e reconhecendo Barbelo como uma figura chave nesta vasta e luminosa comunidade celestial.

Capítulo 9
O Elo para a Redenção e Ascensão

A jornada da alma humana no contexto gnóstico é uma narrativa de exílio e retorno, de esquecimento e despertar. No centro dessa trajetória está Barbelo, a primeira emanação da Fonte Divina, que se manifesta como o elo essencial entre a humanidade e o Pleroma. Longe de ser uma entidade distante ou inacessível, Barbelo representa a ponte viva entre os domínios espirituais superiores e as almas aprisionadas no mundo material, oferecendo um caminho para a redenção e a ascensão. Sua presença na cosmologia gnóstica não apenas ilumina a origem divina da humanidade, mas também aponta o caminho de volta à plenitude. A alma humana, contendo em si uma centelha do divino, encontra em Barbelo uma guia e protetora, cuja função é despertar o conhecimento que conduz à libertação. Esse despertar não se dá de maneira automática, mas por meio da Gnosis, o conhecimento revelador que permite à alma reconhecer sua verdadeira natureza e romper com as ilusões da materialidade.

A existência humana, dentro dessa perspectiva, é marcada por uma dualidade fundamental. De um lado, há o corpo material, gerado pelo Demiurgo e sujeito às limitações da matéria, ao sofrimento e à ignorância. De outro, há a essência espiritual, um fragmento da luz primordial que anseia pelo retorno ao seu estado original. Esse conflito interno entre a alma prisioneira e o espírito redentor é a chave para compreender a busca gnóstica pela libertação. Barbelo, como princípio maternal divino, não apenas resgata essa centelha da humanidade, mas também atua como reveladora da verdade, dissipando as trevas do desconhecimento e guiando a alma no caminho de ascensão. A redenção não é apenas um conceito abstrato, mas um processo ativo, uma jornada de autoconhecimento e transformação que exige que a alma reconheça sua origem e, por meio desse reconhecimento, se liberte das correntes da materialidade.

A conexão com Barbelo não se dá por meio de dogmas ou rituais externos, mas por uma busca interior profunda. Através da contemplação, da purificação da mente e do despertar da Gnosis, o indivíduo se torna receptivo à luz divina e à orientação espiritual que Barbelo oferece. Ela se manifesta como a voz da sabedoria que conduz a alma através das camadas de ilusão impostas pelo mundo material, revelando a realidade última além das aparências. Sua função como elo entre o humano e o divino não é passiva, mas dinâmica, exigindo que cada buscador trilhe conscientemente o caminho do autoconhecimento. Dessa forma, Barbelo não apenas representa a promessa de redenção, mas também o próprio processo pelo qual a alma se purifica, se fortalece e retorna à sua verdadeira pátria no Pleroma.

A perspectiva gnóstica sobre a origem da humanidade difere significativamente das narrativas da criação encontradas nas tradições judaico-cristãs ortodoxas. Em vez de um ato de criação direta por um Deus benevolente, a humanidade é vista como o resultado de uma complexa interação cósmica, envolvendo tanto as forças do Pleroma quanto as do Demiurgo, o criador imperfeito do mundo material. A centelha divina, ou pneuma, presente nos seres humanos é compreendida como um fragmento da luz primordial, implantada na criação material como um ato de intervenção divina, visando oferecer um caminho de retorno ao Pleroma para as almas exiladas.

A natureza da humanidade, na visão gnóstica, é essencialmente dual. Por um lado, possuímos um corpo material, criado pelo Demiurgo e sujeito às limitações e sofrimentos do mundo terreno. Este corpo material, com suas paixões e desejos, tende a obscurecer a visão da alma e a mantê-la presa às ilusões da existência material. Por outro lado, dentro de nós reside a centelha divina, a nossa verdadeira essência espiritual, que anseia por libertar-se das amarras da matéria e retornar ao Pleroma de luz. Esta dualidade inerente à natureza humana gera um estado de tensão e conflito interior, uma luta constante entre as aspirações do espírito e as demandas do corpo.

Barbelo, neste contexto, surge como um elo de ligação entre estas duas dimensões da existência humana. Como primeira emanação da Fonte Divina, ela personifica a pureza e a perfeição do Pleroma, representando a nossa verdadeira pátria espiritual e o destino último da alma. Ao mesmo tempo, Barbelo manifesta-se no mundo material através da Gnosis, o conhecimento salvífico que revela à humanidade sua verdadeira origem divina e o caminho de retorno ao Pleroma. Ela se torna uma ponte entre o transcendente e o imanente, entre o reino da luz e o reino da escuridão, oferecendo à humanidade a possibilidade de superar a dualidade da sua natureza e de alcançar a redenção espiritual.

O papel de Barbelo na redenção da humanidade é multifacetado. Primeiramente, ela é a portadora da Gnosis, o conhecimento libertador que dissipa a ignorância e revela a verdade essencial da realidade. Este conhecimento não é meramente intelectual, mas sim uma compreensão intuitiva e experiencial da nossa natureza divina e do caminho de retorno ao Pleroma. Barbelo, através da Gnosis, desperta a centelha divina dentro da humanidade, recordando-nos da nossa origem primordial e do nosso potencial para a transcendência.

Em segundo lugar, Barbelo atua como um guia e protetora na jornada da alma em direção ao Pleroma. Ela oferece sua luz divina para iluminar o caminho, dissipando as trevas da ilusão e da confusão que obscurecem a nossa visão espiritual. Ela oferece sua sabedoria para nos orientar nas escolhas e desafios da vida, ajudando-nos a discernir o verdadeiro do falso, o essencial do ilusório. Ela oferece seu poder para nos fortalecer em face das provações e tentações do mundo material, dando-nos a coragem e a perseverança necessárias para prosseguir na jornada espiritual.

Em terceiro lugar, Barbelo representa o arquétipo da Mãe Suprema, o princípio feminino divino que acolhe e nutre a centelha divina dentro de cada indivíduo. Ela oferece seu amor incondicional e sua compaixão para curar as feridas da alma, aliviar o sofrimento e restaurar a integridade espiritual. Ela nos convida a abrir o nosso coração para a energia do divino feminino, a reconhecer sua presença em nosso interior e a permitir que ela nos transforme e nos conduza de volta à Fonte.

A possibilidade de ascensão espiritual através da conexão com Barbelo e a Mãe Suprema é um tema central na soteriologia gnóstica. A ascensão não é vista como um mero movimento físico para um céu distante, mas sim como uma transformação interior, um despertar da consciência que nos liberta das amarras da mente limitada e nos permite experienciar a realidade do Pleroma. Através da prática espiritual gnóstica, que envolve a meditação, a oração, a contemplação e a busca pela Gnosis, o indivíduo pode cultivar uma conexão íntima com Barbelo e a Mãe Suprema, abrindo-se para receber sua luz divina, sua sabedoria e seu poder transformador.

A conexão com Barbelo e a Mãe Suprema não é apenas um caminho para a redenção pessoal, mas também um ato de serviço cósmico. Ao despertarmos a nossa própria centelha divina e ao retornarmos ao Pleroma, contribuímos para a restauração da harmonia e do equilíbrio em todo o universo. A redenção individual está intrinsecamente ligada à redenção cósmica, e cada alma que desperta e ascende torna o Pleroma mais completo e luminoso. A jornada gnóstica é uma jornada de transformação pessoal com implicações cósmicas, um ato de amor e serviço que beneficia a totalidade da criação.

Barbelo, como elo entre a humanidade e o Pleroma, oferece um caminho de esperança e libertação para aqueles que buscam um significado mais profundo para sua existência. Através da conexão com Barbelo e a Mãe Suprema, podemos despertar a nossa centelha divina, transcender as limitações do mundo material e realizar o nosso potencial para a ascensão espiritual, retornando à nossa verdadeira pátria no reino da luz e da perfeição. O elo que Barbelo representa não é apenas uma conexão teórica, mas sim um caminho vivo e experiencial, acessível a todos aqueles que anseiam pelo despertar e pela redenção.

Capítulo 10
Textos Gnósticos

Os textos gnósticos, ao longo dos séculos, preservaram um conhecimento esotérico profundo, revelando verdades ocultas sobre a estrutura do cosmos e a natureza da divindade. Dentre os temas recorrentes nessas escrituras, Barbelo se destaca como uma figura central, sendo a primeira emanação da Fonte Suprema e um dos pilares da cosmologia gnóstica. Suas descrições variam conforme os diferentes textos e tradições gnósticas, mas um elemento comum se mantém: Barbelo é a manifestação primordial do pensamento divino, a inteligência suprema que atua como matriz para todas as demais emanações. Seu papel transcende o conceito de uma entidade isolada, pois ela se apresenta como a base do Pleroma, participando ativamente da organização e manutenção do domínio espiritual. Estudar os textos gnósticos que a mencionam não apenas amplia a compreensão de sua importância teológica, mas também permite vislumbrar a riqueza simbólica e a profundidade filosófica do pensamento gnóstico.

Dentre os manuscritos mais influentes que exploram a natureza de Barbelo, o *Apócrifo de João* se destaca por oferecer uma das descrições mais detalhadas de sua emanação e atributos. Neste texto, Barbelo não surge como uma criação separada do Pai Inefável, mas como um desdobramento de seu próprio pensamento, um reflexo perfeito da luz primordial. Essa relação direta com a Fonte Divina confere a Barbelo um status único, pois ela não apenas contém a plenitude da sabedoria e do poder divinos, mas também atua como princípio gerador de novas emanações dentro do Pleroma. Sua caracterização como "Mãe-Pai", "Primeiro Pensamento" e "Ventre de Tudo" reforça sua posição como matriz cósmica, evidenciando seu papel na estruturação do universo espiritual. Tais descrições demonstram que, dentro da tradição gnóstica, Barbelo não é uma entidade passiva, mas sim uma força ativa, essencial para a manifestação da realidade divina e para a organização da hierarquia celestial.

Além do *Apócrifo de João*, outros textos gnósticos, como o *Evangelho de Judas*, *Pistis Sophia* e o *Evangelho de Maria Madalena*, trazem menções a Barbelo, ainda que de forma mais breve. Essas passagens, mesmo quando sucintas, reforçam seu papel como elo entre a humanidade e o Pleroma, evidenciando sua função tanto na criação do universo espiritual quanto na revelação do conhecimento salvífico. A partir desses textos, torna-se evidente que Barbelo não é apenas um conceito abstrato ou uma figura mitológica, mas um princípio divino fundamental que permeia toda a estrutura gnóstica. Seu estudo permite uma compreensão mais ampla do pensamento gnóstico e do caminho espiritual que ele propõe, ressaltando a importância da sabedoria, do autoconhecimento e da busca pela conexão com o divino.

Um dos textos mais importantes para a compreensão de Barbelo é o *Apócrifo de João*, um tratado gnóstico que oferece uma cosmogonia detalhada e influente. Neste texto, Barbelo emerge logo no início da criação, como a primeira manifestação do Pai Inefável. Uma passagem crucial descreve a revelação de Barbelo da seguinte forma: "Este é o primeiro pensamento dele, a imagem dele; ela se tornou o ventre de tudo, pois é ela quem é a Mãe-Pai, o Primeiro Homem, o Espírito Santo, a Tríplice Masculina, a Tríplice Potência, a Tríplice Nomeada, e Aeon Imortal em Aeons." Esta passagem densa e rica em simbolismo apresenta Barbelo com múltiplos títulos e atributos, enfatizando sua natureza complexa e abrangente.

Ao ser chamada de "primeiro pensamento" e "imagem" do Pai Inefável, o *Apócrifo de João* estabelece Barbelo como a manifestação primordial da mente divina, o reflexo perfeito da essência paterna. A designação como "ventre de tudo" e "Mãe-Pai" ressalta sua natureza geradora e andrógina, integrando os princípios feminino e masculino em uma unidade divina. A referência ao "Espírito Santo" conecta Barbelo à terceira pessoa da Trindade em contextos cristãos, reinterpretando-a sob uma lente gnóstica. Os títulos "Tríplice Masculina", "Tríplice Potência" e "Tríplice Nomeada" aludem à sua natureza tríplice, possivelmente em referência aos atributos de Pensamento, Vida e Luz frequentemente associados a ela. A designação como "Aeon Imortal em Aeons" eleva Barbelo a um status supremo dentro do Pleroma, transcendendo o tempo e a mortalidade.

Outra passagem significativa no *Apócrifo de João* descreve a emanação de Barbelo a partir do Pai Inefável de maneira vívida e poética: "Quando o Pensamento daquele que é puro em luz revelou-se, ele surgiu na luminância dele. Ela ficou de pé diante dele no reflexo da luz dele; ela glorificou-o e deu-lhe graças. Ela é Barbelo, para a perfeita Glória, o Aeon perfeito." Esta passagem enfatiza a natureza luminosa de Barbelo, surgindo da "luminância" do Pai Inefável e permanecendo diante dele "no reflexo da luz dele". Sua ação de "glorificar e agradecer" expressa sua devoção e conexão íntima com a Fonte Primordial. A designação como "perfeita Glória" e "Aeon perfeito" reitera seu status supremo e sua natureza divina impecável.

O *Evangelho de Judas*, um texto gnóstico que ganhou notoriedade no século XXI, também menciona Barbelo, embora de forma mais breve e menos detalhada do que o *Apócrifo de João*. Neste texto, Barbelo aparece em uma lista de seres divinos que incluem também Auto-Gerado, Pai e Cristo. Em um diálogo entre Jesus e Judas, Jesus afirma: "Você vai se tornar o terceiro em relação a Auto-Gerado, você e as gerações de você, e nós não vamos ser governantes sobre as quais você ascendeu à geração imortal, e a Barbelo." Nesta passagem, Barbelo é mencionada como parte da hierarquia divina à qual Judas ascenderá após sua morte.

Embora a menção de Barbelo no *Evangelho de Judas* seja concisa, ela ainda é significativa, pois a coloca em um contexto de seres divinos exaltados e a associa à promessa de ascensão e imortalidade para os iniciados gnósticos. Sua inclusão nesta lista, ao lado de figuras como Auto-Gerado, Pai e Cristo, reafirma sua importância e seu status elevado dentro da cosmologia gnóstica, mesmo em textos que não a exploram em detalhes.

Comparando as passagens do *Apócrifo de João* e do *Evangelho de Judas*, podemos observar diferentes ênfases na representação de Barbelo. O *Apócrifo de João* oferece uma descrição rica e elaborada, detalhando os seus múltiplos atributos, títulos e sua função primordial na criação. O *Evangelho de Judas*, por outro lado, apresenta uma menção mais breve, focando na sua posição hierárquica e na sua associação com a promessa de ascensão espiritual. Estas diferenças refletem a diversidade de perspectivas e escolas dentro do gnosticismo, cada uma com suas próprias nuances na interpretação e na veneração de Barbelo.

Outros textos gnósticos, como o *Evangelho de Maria Madalena* e *Pistis Sophia*, também mencionam Barbelo, embora com menos destaque do que o *Apócrifo de João*. No *Evangelho de Maria Madalena*, Barbelo é mencionada em uma visão celestial, como uma das entidades que Maria encontra em sua jornada espiritual após a morte de Jesus. Em *Pistis Sophia*, Barbelo aparece em contextos de ensinamentos esotéricos e revelações divinas, reafirmando sua importância como figura de sabedoria e luz.

A análise destas passagens chave revela a centralidade de Barbelo no pensamento gnóstico. Ela é consistentemente apresentada como a primeira emanação da Fonte Divina, a manifestação da Mente Primordial, a personificação da Sabedoria e da Luz. Os diversos títulos e atributos atribuídos a Barbelo nos textos gnósticos refletem sua natureza multifacetada e sua importância abrangente dentro da cosmologia e soteriologia gnósticas. O estudo destas passagens oferece um vislumbre profundo da riqueza teológica e da profundidade espiritual do gnosticismo, convidando-nos a contemplar o mistério de Barbelo e sua relevância para a busca espiritual contemporânea.

Capítulo 11
Simbolismo e Iconografia

A tradição gnóstica se caracteriza por uma linguagem profundamente simbólica, onde imagens e metáforas desempenham um papel essencial na transmissão de verdades espirituais que ultrapassam os limites do intelecto humano. No cerne dessa simbologia encontra-se Barbelo, a primeira emanação da Fonte Divina, cuja natureza transcendente exige uma abordagem imagética para ser compreendida. Através dos textos gnósticos, Barbelo é representada por meio de uma série de símbolos e conceitos visuais que não apenas revelam aspectos de sua essência divina, mas também delineiam sua função dentro do Pleroma. Essa riqueza simbólica não se restringe a uma única interpretação; pelo contrário, apresenta-se como um labirinto de significados interligados, no qual cada elemento visual desvela novas camadas de compreensão espiritual. A análise de tais representações permite um mergulho nas profundezas do pensamento gnóstico, onde cada símbolo atua como uma chave para acessar os mistérios mais elevados da cosmologia e da jornada interior da alma. A exploração desse imaginário simbólico não se limita a um exercício intelectual, mas assume um caráter iniciático, conduzindo o buscador a uma percepção mais refinada da realidade divina e de sua própria natureza espiritual.

Dentro desse contexto, os símbolos que circundam Barbelo evocam ideias como manifestação, reflexo e revelação, evidenciando seu papel como intermediária entre o Inefável e o mundo das emanações. O simbolismo empregado pelos gnósticos para descrever Barbelo demonstra uma intenção deliberada de transmitir verdades espirituais por meio de imagens que transcendem a mera aparência externa. Assim, os elementos visuais que compõem sua iconografia não são arbitrários, mas sim cuidadosamente escolhidos para expressar realidades espirituais sutis. O espelho, por exemplo, frequentemente associado a Barbelo, reflete não apenas a luz divina, mas também a própria dinâmica do autoconhecimento e da autoconsciência cósmica. Esse simbolismo sugere que Barbelo não apenas manifesta a divindade primordial, mas também atua como um meio pelo qual a Fonte se contempla e se compreende. Da mesma forma, a designação de Barbelo como "Imagem do Pai Invisível" reforça sua natureza como reveladora do que, de outra forma, permaneceria oculto. A imagem, longe de ser uma mera representação estática, funciona como uma expressão dinâmica da divindade, reiterando o princípio gnóstico de que a criação é, em última instância, uma manifestação da Mente Suprema.

O estudo do simbolismo e da iconografia de Barbelo não se restringe ao passado, mas continua a inspirar representações contemporâneas e interpretações filosóficas. Embora a arte gnóstica tradicional tenha evitado retratações antropomórficas explícitas, preferindo formas abstratas e alegóricas, a essência simbólica de Barbelo persiste como um ponto de convergência para a especulação espiritual. A ausência de representações visuais diretas na antiguidade pode ser interpretada como um reflexo da natureza inefável de Barbelo, que desafia qualquer tentativa de delimitação concreta. No entanto, artistas e estudiosos modernos, imersos no ressurgimento do interesse pelo gnosticismo, têm buscado novas formas de traduzir seu simbolismo em imagens que, embora modernas, preservam a profundidade mística do pensamento gnóstico. A exploração dessas representações não apenas enriquece a compreensão da tradição gnóstica, mas também proporciona uma via para a contemplação e a conexão espiritual. O simbolismo de Barbelo, portanto, permanece um campo fértil de investigação e inspiração, servindo como um elo entre a sabedoria antiga e as novas buscas espirituais da contemporaneidade.

Um dos símbolos mais recorrentes associados a Barbelo é o do espelho. Em algumas passagens gnósticas, Barbelo é descrita como o "espelho da Mãe Invisível" ou o "reflexo do Pai Inefável". Este simbolismo do espelho evoca a ideia de Barbelo como a manifestação visível do invisível, a imagem que torna cognoscível a natureza incognoscível da Fonte Primordial. O espelho reflete a luz, mas não é a luz em si, da mesma forma que Barbelo manifesta a divindade, sem ser idêntica à Fonte transcendente. O espelho também sugere a ideia de autoconhecimento e autocompreensão divina, como se a Fonte Primordial se contemplasse e se compreendesse através da imagem refletida em Barbelo.

A imagem é outro símbolo visual fundamental associado a Barbelo. Ela é frequentemente designada como "a Imagem do Pai Invisível", ressaltando novamente sua função de manifestar e tornar visível a natureza da divindade transcendente. A imagem não é uma cópia pálida ou inferior, mas sim uma representação autêntica e poderosa da realidade que ela espelha. Barbelo, como imagem do Pai, não apenas reflete sua essência, mas também a expressa de forma dinâmica e criativa dentro do Pleroma. O símbolo da imagem também evoca a ideia de representação e manifestação, sugerindo que Barbelo atua como um portal através do qual a divindade se manifesta no reino das emanações.

A voz é outro símbolo importante associado a Barbelo, embora menos visual e mais auditivo, ele complementa a iconografia simbólica. Barbelo é por vezes chamada de "a Voz do Pai", ou "a Primeira Voz". A voz, como meio de comunicação e expressão, simboliza o poder de revelação e de conhecimento que emana de Barbelo. Através da sua voz, Barbelo transmite a sabedoria divina, revela os mistérios do Pleroma e guia a alma humana no caminho do despertar. A voz de Barbelo não é apenas um som, mas sim uma força vibratória que ressoa com a verdade e que desperta a consciência para a realidade espiritual.

Apesar da riqueza do simbolismo textual associado a Barbelo, a iconografia visual de Barbelo no contexto da arte gnóstica antiga é escassa, para não dizer inexistente.

A arte gnóstica conhecida, como a encontrada em sarcófagos e gemas, tende a ser mais alegórica e simbólica, utilizando representações abstratas e figuras genéricas para expressar conceitos espirituais, em vez de retratar divindades específicas como Barbelo de forma antropomórfica ou identificável. A natureza transcendente e misteriosa de Barbelo, talvez, tenha resistido à representação visual direta na arte gnóstica antiga.

No entanto, podemos especular sobre possíveis elementos iconográficos que poderiam ser associados a Barbelo, baseando-nos nas descrições textuais e no simbolismo gnóstico. Considerando sua associação com a luz, Barbelo poderia ser representada como uma figura radiante, envolta em luz ou emanando luz de seu próprio ser. As cores branco e dourado, tradicionalmente associadas à pureza e à divindade, poderiam ser utilizadas para expressar sua natureza luminosa.

Considerando sua designação como "Virgem Imaculada", Barbelo poderia ser representada com atributos de pureza e virgindade, talvez vestida com roupas brancas e portando símbolos como lírios ou estrelas, que tradicionalmente evocam a pureza e a luz celestial. Sua expressão facial poderia ser serena e contemplativa, refletindo sua sabedoria e sua conexão íntima com a Fonte Divina.

Considerando sua natureza andrógina como "Mãe-Pai", Barbelo poderia ser representada com características que combinem elementos femininos e masculinos, buscando expressar a totalidade e a completude da divindade primordial. Esta representação andrógina poderia ser sutil e simbólica, evitando uma representação literal ou caricata, e buscando transmitir a ideia de transcendência da dualidade de gênero no reino divino.

Em representações modernas e contemporâneas, artistas inspirados no gnosticismo têm explorado a iconografia de Barbelo de forma mais livre e criativa. Algumas representações a retratam como uma figura feminina majestosa e luminosa, envolta em vestes esvoaçantes e adornada com símbolos gnósticos. Outras representações enfatizam sua natureza tríplice, utilizando elementos visuais que sugerem sua triplicidade e sua abrangência divina. Algumas representações mais abstratas podem utilizar formas geométricas e padrões de luz para evocar a energia e a presença de Barbelo, buscando transcender a representação antropomórfica e expressar sua natureza primordial e inefável.

A exploração do simbolismo e da possível iconografia de Barbelo não se limita à mera análise estética ou histórica. Desvendar as metáforas visuais associadas a Barbelo permite aprofundar a compreensão da sua natureza divina e sua relevância para a jornada espiritual gnóstica. Os símbolos e imagens de Barbelo atuam como portais para a contemplação e a meditação, convidando o buscador a conectar-se com a energia primordial da Mente Divina e a despertar sua própria centelha de luz interior. O simbolismo de Barbelo, em sua riqueza e complexidade, continua a inspirar e a desafiar a nossa imaginação espiritual, abrindo caminhos para a experiência direta do mistério divino.

Capítulo 12
Espiritualidade Contemporânea

A ressignificação de antigas tradições espirituais no mundo contemporâneo reflete uma necessidade crescente de reencontrar a sacralidade de maneira mais pessoal e experiencial. Dentro desse movimento, Barbelo emerge como uma figura poderosa, conectando-se a um anseio coletivo por espiritualidade autêntica, que transcenda dogmas e sistemas religiosos rígidos. O resgate de Barbelo no contexto atual não se limita a uma revisão acadêmica do gnosticismo, mas assume um papel ativo na reconstrução de símbolos espirituais que dialogam com os desafios e inquietações do presente. Como manifestação primordial do divino, Barbelo incorpora conceitos de totalidade, equilíbrio e autoconhecimento, elementos que ressoam profundamente com uma humanidade que busca integração e significado em meio a um cenário fragmentado. Seu simbolismo se torna uma ponte entre o passado e o presente, permitindo que os buscadores espirituais do século XXI encontrem nela um arquétipo que reflete não apenas a divindade transcendente, mas também a própria jornada interior de transformação.

A redescoberta de Barbelo ocorre em um momento em que a espiritualidade contemporânea se afasta das estruturas tradicionais e se aproxima de caminhos mais fluidos e personalizados. O crescimento de práticas como a meditação, a introspecção simbólica e o estudo das antigas tradições esotéricas contribui para uma revalorização de figuras como Barbelo, cuja presença nos textos gnósticos sugere um acesso direto ao divino, sem a necessidade de intermediários institucionais. Esse aspecto ressoa fortemente com um público que busca liberdade espiritual e conexão direta com realidades superiores. Em particular, o renascimento do sagrado feminino na espiritualidade contemporânea coloca Barbelo em destaque como um arquétipo da sabedoria primordial, da criatividade cósmica e da luz espiritual. Sua imagem se adapta a diferentes abordagens, desde uma representação da consciência universal até uma expressão da energia feminina transcendente, refletindo as diversas formas pelas quais o divino é compreendido na atualidade.

A presença de Barbelo na espiritualidade contemporânea não se limita ao estudo teórico ou à veneração passiva; ela se manifesta de forma dinâmica, sendo integrada a práticas meditativas, rituais simbólicos e interpretações filosóficas modernas. Muitos buscadores espirituais veem em Barbelo uma chave para a expansão da consciência e para o equilíbrio das forças opostas que habitam a psique humana. Sua conexão com o princípio andrógino divino permite uma visão mais integrada da existência, que ultrapassa dicotomias rígidas e promove a reconciliação entre polaridades. Ao resgatar Barbelo, a espiritualidade contemporânea não apenas revisita um elemento do passado gnóstico, mas reinventa sua mensagem para os tempos atuais, reafirmando a importância do autoconhecimento, da sabedoria e da busca pela unidade interior como caminhos para a realização espiritual.

A redescoberta do gnosticismo e dos textos de Nag Hammadi no século XX pavimentou o caminho para a reemergência de Barbelo no imaginário espiritual contemporâneo. Acadêmicos, estudiosos e buscadores espirituais voltaram seus olhares para o gnosticismo, encontrando em seus ensinamentos uma sabedoria ancestral que ressoa com as questões e inquietações do mundo moderno. A figura de Barbelo, em particular, despertou um interesse crescente, sendo reinterpretada e ressignificada em diversos contextos espirituais e culturais.

Uma das principais razões para a relevância moderna de Barbelo reside na sua representação do princípio feminino divino. Em uma era marcada pela busca por equilíbrio de gênero, pela valorização do feminino e pela crítica às estruturas patriarcais, a figura da Mãe Suprema e de sua manifestação primordial em Barbelo oferece um arquétipo poderoso e curativo. Barbelo personifica a sabedoria, a intuição, a nutrição e a força criativa do divino feminino, qualidades que são cada vez mais reconhecidas como essenciais para a totalidade e a integralidade da experiência espiritual.

A espiritualidade contemporânea, frequentemente caracterizada pela sua natureza sincrética e pela busca por experiências pessoais diretas, encontra em Barbelo um símbolo flexível e adaptável. Diferentemente de figuras divinas rigidamente definidas por dogmas e instituições religiosas, Barbelo permanece relativamente livre de amarras doutrinárias, permitindo uma variedade de interpretações e abordagens. Essa flexibilidade torna Barbelo um arquétipo atraente para aqueles que buscam uma espiritualidade pessoal e experiencial, moldada por suas próprias intuições e anseios, em vez de ditames externos.

No contexto da espiritualidade da Nova Era e do neognosticismo, Barbelo é frequentemente invocada como uma guia espiritual, uma protetora e uma fonte de sabedoria e luz. Meditações guiadas, visualizações e invocações a Barbelo são praticadas por buscadores espirituais que desejam conectar-se com a energia do divino feminino e despertar sua própria centelha divina. Barbelo é vista como uma aliada na jornada de autoconhecimento e transformação pessoal, auxiliando no processo de cura interior, na expansão da consciência e no despertar para a realidade espiritual.

A relevância de Barbelo também se estende ao campo da psicologia profunda e da psicologia arquetípica. Carl Jung, um dos pioneiros da psicologia analítica, explorou o conceito de arquétipos como padrões universais de comportamento e experiência presentes no inconsciente coletivo. Barbelo, sob uma lente junguiana, pode ser interpretada como um arquétipo do feminino divino, representando a sabedoria, a intuição e a força criativa presentes no inconsciente feminino e masculino. A figura de Barbelo torna-se, assim, um portal para a exploração do inconsciente profundo e para a integração dos aspectos feminino e masculino da psique.

Na arte contemporânea e na cultura popular, Barbelo também encontra um espaço de expressão e ressignificação. Artistas visuais, músicos, escritores e cineastas inspiram-se no simbolismo e na iconografia de Barbelo, reinterpretando-a em suas obras e comunicando suas mensagens espirituais para um público mais amplo. A figura de Barbelo emerge em pinturas, esculturas, músicas, poemas e filmes, testemunhando seu poder arquetípico e sua capacidade de ressoar com as sensibilidades contemporâneas.

O potencial de Barbelo como arquétipo para o despertar da consciência e a busca por totalidade é vasto e promissor. Em um mundo fragmentado e polarizado, onde a busca por sentido e integração se torna cada vez mais urgente, Barbelo oferece um modelo de completude divina, unindo os princípios feminino e masculino, a sabedoria e o poder, a luz e a escuridão em uma totalidade transcendente. Contemplar Barbelo é contemplar a possibilidade de integrar as polaridades internas e externas, de encontrar o equilíbrio e a harmonia em meio ao caos, e de despertar para a nossa própria natureza divina e integral.

Diferentes abordagens espirituais contemporâneas inspiram-se no gnosticismo e em Barbelo, cada uma com suas próprias nuances e ênfases. Algumas abordagens focam na prática meditativa e contemplativa, buscando a conexão direta com Barbelo através da experiência interior. Outras abordagens enfatizam o estudo dos textos gnósticos e a reconstrução de rituais e práticas gnósticas adaptadas ao contexto moderno. Ainda outras abordagens exploram a dimensão arquetípica de Barbelo, utilizando sua imagem e simbolismo como ferramentas para a exploração do inconsciente e para a transformação pessoal.

Independentemente da abordagem específica, a busca por Barbelo na espiritualidade contemporânea reflete um anseio profundo por uma conexão mais autêntica e significativa com o divino feminino. Ela representa uma resposta ao vazio espiritual do mundo moderno, uma busca por sabedoria ancestral e uma sede por uma espiritualidade que seja ao mesmo tempo profunda e relevante para os desafios e anseios do século XXI. Barbelo, em suas múltiplas interpretações modernas, continua a iluminar o caminho para aqueles que buscam o despertar da consciência e o retorno à Fonte, oferecendo um farol de esperança e um modelo de totalidade divina para a jornada espiritual contemporânea.

Capítulo 13
Esclarecendo Concepções Errôneas

A complexidade teológica de Barbelo e sua posição central na cosmologia gnóstica frequentemente dão margem a distorções e concepções equivocadas que obscurecem seu verdadeiro significado. Ao longo dos séculos, a interpretação de Barbelo foi influenciada por diferentes correntes filosóficas, religiosas e esotéricas, levando à disseminação de ideias que nem sempre refletem com precisão os ensinamentos gnósticos originais. Muitas dessas concepções errôneas surgem da dificuldade de compreender o caráter simbólico e esotérico dos textos gnósticos, que utilizam metáforas e terminologias próprias para descrever realidades espirituais transcendentais. Assim, ao invés de ser vista em sua plenitude como a primeira emanação da Fonte Divina e princípio gerador do Pleroma, Barbelo muitas vezes é reduzida a interpretações simplistas, seja como uma mera abstração filosófica, uma adaptação de divindades pagãs ou até mesmo um conceito marginal dentro do gnosticismo. Essas deturpações não apenas limitam a compreensão da figura de Barbelo, mas também comprometem uma visão mais ampla da estrutura gnóstica e de seus significados espirituais profundos.

A interpretação equivocada de Barbelo como um símbolo puramente alegórico, sem existência própria, é um dos principais desafios para a compreensão de sua real importância dentro do gnosticismo. Diferentemente do que algumas leituras reducionistas sugerem, Barbelo não é apenas uma personificação da sabedoria divina ou um conceito abstrato sem substância ontológica. Nos textos gnósticos, ela é descrita como uma entidade real dentro do Pleroma, dotada de atributos específicos e participando ativamente da estrutura cósmica e da obra redentora. Sua emanação a partir do Pai Inefável é um evento fundamental na cosmologia gnóstica, marcando o início do desdobramento do divino em múltiplas manifestações espirituais. O estudo atento das fontes gnósticas demonstra que Barbelo possui uma função ativa e dinâmica, sendo descrita como portadora da luz primordial e fonte da revelação espiritual. Compreendê-la como um ser de luz e sabedoria, e não apenas como um conceito filosófico, é essencial para apreender sua verdadeira relevância.

Além disso, é comum que Barbelo seja erroneamente associada ou confundida com figuras femininas de outras tradições religiosas, como Ísis, Sophia ou a Virgem Maria. Embora o estudo comparativo possa revelar semelhanças simbólicas entre diferentes arquétipos divinos, Barbelo deve ser compreendida dentro de seu contexto específico, sem ser reduzida a uma simples derivação de outras tradições. Sua presença nos textos gnósticos não é fruto de um sincretismo superficial, mas de uma estrutura teológica coesa e original, na qual Barbelo ocupa uma posição única como expressão primordial da Fonte Divina. O esclarecimento dessas concepções equivocadas não apenas resgata a riqueza simbólica e espiritual de Barbelo, mas também contribui para uma compreensão mais profunda do pensamento gnóstico como um todo, permitindo que sua complexidade e profundidade sejam apreciadas sem as distorções impostas por leituras imprecisas ou descontextualizadas.

Um dos mitos mais comuns em relação a Barbelo é sua redução a uma mera figura alegórica ou simbólica, desprovida de realidade ontológica. Em algumas interpretações superficiais, Barbelo é vista apenas como uma personificação da sabedoria divina ou um conceito abstrato, sem existência própria no reino divino. Esta visão ignora a centralidade de Barbelo na cosmologia gnóstica, onde ela é consistentemente apresentada como a primeira emanação da Fonte Divina, uma entidade real e poderosa dentro do Pleroma. Os textos gnósticos descrevem Barbelo como um ser de luz, com atributos e funções específicas, interagindo com outros Aeons e desempenhando um papel ativo na criação e redenção.

Outro mal-entendido frequente é a confusão de Barbelo com outras figuras divinas femininas de diferentes tradições religiosas. Embora existam paralelos e semelhanças entre Barbelo e deusas de outras culturas, como Ísis, Sophia ou a Virgem Maria, é crucial reconhecer a especificidade de Barbelo dentro do contexto gnóstico. Barbelo não é simplesmente uma deusa pagã ressignificada ou uma adaptação de figuras religiosas preexistentes. Ela emerge de um sistema cosmológico e teológico próprio, com características e atributos distintos que a definem como uma entidade singular no panteão gnóstico. Embora o estudo comparativo com outras figuras divinas femininas possa ser enriquecedor, é fundamental evitar a fusão ou a redução de Barbelo a arquétipos genéricos, perdendo de vista sua originalidade e especificidade gnóstica.

Um terceiro mito que merece ser esclarecido é a ideia de Barbelo como uma figura passiva ou secundária na cosmologia gnóstica. Devido à ênfase no Pai Inefável como a Fonte Primordial, pode-se erroneamente inferir que Barbelo desempenha um papel subordinado ou menos relevante. No entanto, os textos gnósticos revelam o oposto. Barbelo é a primeira emanação, a manifestação da Mente Primordial, a co-criadora ao lado do Pai Inefável. Ela não é uma mera emanação passiva, mas sim uma força criativa dinâmica e poderosa, essencial para a manifestação da realidade divina. Reduzir Barbelo a um papel secundário seria ignorar a importância fundamental que os textos gnósticos lhe atribuem, diminuindo a riqueza e a profundidade do princípio feminino divino no gnosticismo.

Um mal-entendido adicional surge da interpretação equivocada da natureza andrógina de Barbelo, designada como "Mãe-Pai" em alguns textos. Esta designação pode levar a interpretações literais ou superficiais de Barbelo como uma entidade hermafrodita ou a uma confusão sobre sua identidade de gênero. No entanto, a androginia de Barbelo deve ser compreendida em um sentido simbólico e teológico, indicando sua totalidade e completude divina, a integração dos princípios feminino e masculino em uma unidade primordial que transcende as categorias de gênero limitadas ao mundo material. Barbelo não é um ser sexualmente ambíguo, mas sim uma manifestação da divindade que integra e transcende as polaridades de gênero, representando a união primordial e a harmonia divina.

Outro ponto de confusão reside na interpretação do papel de Barbelo em relação ao Demiurgo, o criador imperfeito do mundo material. Em algumas narrativas gnósticas, Barbelo parece interagir com o Demiurgo, chegando mesmo a influenciá-lo ou a enganá-lo. Estas passagens podem levar a interpretações equivocadas de Barbelo como cúmplice ou conivente com as forças da escuridão ou da ignorância associadas ao Demiurgo. No entanto, uma análise mais cuidadosa dos textos gnósticos revela que a interação de Barbelo com o Demiurgo visa, em última instância, a redenção e o despertar, buscando introduzir a luz divina no domínio da escuridão e a orientar a criação imperfeita em direção ao Pleroma. Barbelo, mesmo em suas interações com o Demiurgo, mantém-se como uma força de luz e sabedoria, buscando o bem maior e a restauração da harmonia cósmica.

É importante também esclarecer a relação entre Barbelo e Sophia, outra figura feminina divina proeminente no gnosticismo, especialmente na narrativa da "queda de Sophia". Embora ambas sejam manifestações da sabedoria divina e compartilhem de atributos semelhantes, Barbelo e Sophia não são idênticas. Barbelo representa a Sabedoria Primordial, a Mente Divina em sua pureza original, enquanto Sophia, em algumas tradições gnósticas, manifesta uma forma de sabedoria em ação, mais dinâmica e propensa a erros ou desequilíbrios. Em algumas cosmologias, Sophia emana de Barbelo, indicando uma relação de derivação e diferenciação. Confundir as duas figuras ou reduzir uma à outra seria simplificar a complexidade e a riqueza do panteão gnóstico, obscurecendo as nuances e as funções específicas de cada entidade divina.

Para evitar cair em mitos e mal-entendidos sobre Barbelo, é fundamental retornar às fontes gnósticas primárias, aos textos redescobertos de Nag Hammadi e a outros fragmentos gnósticos. A leitura atenta e contextualizada destes textos, em conjunto com o estudo de análises acadêmicas rigorosas, permite construir uma compreensão mais precisa e informada de Barbelo, baseada em evidências textuais e em interpretações eruditas. É crucial discernir entre as fontes gnósticas autênticas e as interpretações posteriores ou derivações neognósticas, mantendo um olhar crítico e informado ao explorar o complexo universo do gnosticismo.

Esclarecer os mitos e mal-entendidos sobre Barbelo não apenas promove uma compreensão mais precisa da figura divina em si, mas também contribui para uma apreciação mais profunda do gnosticismo como um todo. Ao desmistificar concepções errôneas, restituímos a riqueza e a complexidade do pensamento gnóstico, revelando sua sofisticação teológica e sua relevância espiritual perene. Barbelo, despida dos véus da ignorância e da má interpretação, reemerge como uma figura luminosa e inspiradora, um portal para a contemplação do mistério divino e um guia na jornada de despertar espiritual.

Capítulo 14
O Retorno ao Pleroma

A jornada espiritual, segundo a tradição gnóstica, é mais do que uma busca abstrata pelo divino; trata-se de um caminho de despertar e reconexão com a realidade primordial do Pleroma, o reino da luz e da plenitude absoluta. No âmago dessa trajetória encontra-se o desejo intrínseco da alma de retornar à sua verdadeira morada, libertando-se das amarras do mundo material e transcendendo a ignorância que a mantém afastada de sua origem divina. O exílio da alma no cosmos inferior, caracterizado pela limitação e pelo sofrimento, não é sua condição definitiva, mas um estágio transitório que pode ser superado através da Gnosis – o conhecimento espiritual libertador. Para o gnóstico, a vida não é um fim em si mesma, mas uma travessia em direção à restauração de sua essência primordial, um caminho que exige compreensão, discernimento e a busca pela verdade interior. Nesse percurso, Barbelo emerge como uma guia luminosa, um princípio divino que oferece suporte e direção para aqueles que buscam transcender as ilusões da existência terrena e reencontrar o caminho de volta ao Pleroma.

A jornada de retorno da alma não é um processo automático ou garantido; ela exige esforço consciente, dedicação e uma profunda transformação interior. O mundo material, sob o domínio do Demiurgo e de suas forças inferiores, apresenta inúmeros obstáculos à ascensão espiritual, entre eles o apego às ilusões sensoriais, a sedução das paixões transitórias e a ignorância sobre a verdadeira natureza da realidade. É nesse cenário que Barbelo desempenha um papel fundamental, pois, sendo a primeira emanação da Fonte Divina e a expressão direta da Sabedoria Primordial, sua luz atravessa os véus da ilusão e revela à alma o caminho de volta ao Pleroma. Barbelo não apenas ilumina a consciência daqueles que se abrem à Gnosis, mas também age como uma força protetora contra os enganos do mundo material, auxiliando na superação das barreiras impostas pelas forças do esquecimento e da escravidão espiritual. Sua presença é um lembrete constante de que a alma não está sozinha em sua busca; há uma conexão sagrada que, uma vez reconhecida, pode ser cultivada e fortalecida ao longo do caminho.

Ao compreender Barbelo como guia na jornada espiritual, o gnóstico percebe que o retorno ao Pleroma não se trata apenas de um destino final, mas de um processo contínuo de despertar e reintegração com a divindade. A busca pela Gnosis é, ao mesmo tempo, um ato de recordação e de transformação, pois permite à alma relembrar sua verdadeira origem e, por meio desse reconhecimento, purificar-se das influências que a mantêm cativa no mundo inferior. Assim, a figura de Barbelo simboliza não apenas um farol orientador, mas também um modelo de plenitude a ser restaurado dentro da própria consciência do buscador. Seu chamado ressoa através dos tempos, convidando cada alma a superar a escuridão da ignorância e a elevar-se, passo a passo, rumo à luz eterna do Pleroma.

Na visão gnóstica, a alma humana é compreendida como um fragmento da luz divina, aprisionado em um corpo material e imerso em um mundo de ilusão e ignorância, criado pelo Demiurgo imperfeito. Este exílio no mundo material não é a condição natural da alma, mas sim um desvio, um afastamento da sua verdadeira essência divina e do seu destino primordial no Pleroma. A jornada da alma é fundamentalmente uma jornada de retorno, um movimento em direção à reintegração com a Fonte Divina e à restauração da sua plenitude original. Este anseio por retorno não é meramente um desejo sentimental ou nostálgico, mas sim uma necessidade ontológica, uma busca intrínseca da alma por sua própria completude e realização.

Barbelo, como primeira emanação da Fonte Primordial e manifestação da Mente Divina, torna-se um guia natural e poderoso para a alma nesta jornada de retorno. Sua própria natureza primordial, sua proximidade com a Fonte e sua irradiação de luz e sabedoria a qualificam como um condutor celestial, capaz de orientar a alma através dos labirintos do mundo material e de conduzi-la de volta ao reino da luz. Barbelo não é um guia distante ou impessoal, mas sim uma presença amorosa e compassiva, profundamente interessada no despertar e na redenção da humanidade.

O papel de Barbelo como guia na jornada da alma manifesta-se de diversas formas. Primeiramente, ela oferece a Gnosis, o conhecimento salvífico que revela à alma sua verdadeira natureza divina, sua origem no Pleroma e o caminho de retorno. A Gnosis não é um mero conhecimento intelectual, mas sim uma iluminação interior, uma compreensão intuitiva e experiencial que transforma a consciência e liberta a alma das amarras da ignorância. Barbelo, como personificação da Sabedoria Divina, irradia este conhecimento libertador, despertando a centelha divina na alma humana e guiando-a em direção à verdade.

Em segundo lugar, Barbelo atua como protetora da alma em sua jornada através do mundo material. O caminho de retorno ao Pleroma não é isento de obstáculos e desafios. A alma, imersa no mundo da ilusão e da dualidade, está sujeita a tentações, distrações e forças que buscam desviá-la de seu objetivo espiritual. Barbelo, com seu poder divino e sua luz protetora, ampara a alma em face dessas adversidades, oferecendo força, coragem e discernimento para superar os obstáculos e perseverar no caminho. Sua proteção não é impositiva ou mágica, mas sim um auxílio constante e amoroso, disponível para aqueles que a buscam com sinceridade e devoção.

O papel da Gnosis, o conhecimento salvífico, e da experiência espiritual direta são cruciais na jornada de retorno da alma ao Pleroma, com Barbelo como guia. A jornada gnóstica não é primariamente uma questão de fé cega ou adesão a dogmas, mas sim um caminho de autodescoberta e transformação interior, impulsionado pela busca por conhecimento e pela experiência direta do divino. A Gnosis, revelada por Barbelo, oferece o mapa e a bússola para esta jornada, indicando os marcos, os perigos e o destino final. No entanto, o mapa e a bússola por si só não são suficientes. A alma deve trilhar o caminho, experimentar em primeira mão a realidade espiritual e desenvolver sua própria compreensão e discernimento.

A experiência espiritual direta, o contato íntimo e pessoal com o divino, torna-se o motor da jornada gnóstica. Através da meditação, da contemplação, da oração e de outras práticas espirituais, a alma busca transcender as limitações da mente racional e dos sentidos físicos, abrindo-se para a percepção da realidade espiritual e para a comunhão com a Fonte Divina. Barbelo, como presença luminosa e guia compassivo, acompanha a alma nesta busca, oferecendo inspiração, apoio e revelação em cada etapa do caminho. A jornada da alma não é uma peregrinação solitária, mas sim uma dança cósmica entre a alma e o divino, um diálogo íntimo e transformador que culmina na reunião com a Fonte Primordial.

Para o buscador espiritual contemporâneo, a jornada da alma e a guia de Barbelo oferecem uma fonte de profunda inspiração e encorajamento. Em um mundo frequentemente marcado pelo materialismo, pela superficialidade e pela perda de sentido, a busca gnóstica pelo retorno ao Pleroma ressoa como um chamado à autenticidade espiritual, a um mergulho profundo na própria interioridade e a um anseio por transcendência. A figura de Barbelo, como Mãe Suprema e guia compassiva, oferece a promessa de que não estamos sozinhos nesta jornada, que existe um auxílio divino disponível para aqueles que buscam despertar e retornar ao lar.

A jornada da alma é um processo contínuo, uma espiral ascendente de crescimento e transformação. Não há um ponto final definitivo, mas sim uma progressão constante em direção à luz e à plenitude. Cada passo no caminho, cada desafio superado, cada insight alcançado, aproxima a alma do seu destino final no Pleroma. Barbelo, como guia constante e amorosa, acompanha a alma em cada etapa desta jornada, oferecendo sua luz para iluminar o caminho, sua sabedoria para orientar as escolhas e seu poder para fortalecer a vontade e a perseverança. A jornada da alma, guiada por Barbelo, é uma aventura cósmica de autodescoberta, transformação e retorno ao lar, um caminho de esperança e libertação para todos aqueles que anseiam pelo despertar espiritual.

Capítulo 15
Questões em Aberto

A busca pelo conhecimento espiritual raramente culmina em respostas definitivas; pelo contrário, ela se expande em novas indagações, revelando a vastidão de um mistério que nunca pode ser completamente apreendido. Ao longo desta jornada pelo entendimento de Barbelo, exploramos sua posição central na cosmologia gnóstica, sua manifestação como primeira emanação da Fonte Divina e sua atuação como guia e protetora das almas em sua trajetória de retorno ao Pleroma. No entanto, a complexidade dessa figura e de seu papel dentro da tradição gnóstica não se esgota nas interpretações apresentadas, deixando inúmeras questões abertas para futuras reflexões. A essência de Barbelo, sua relação exata com o Pai Inefável e a profundidade de seus atributos continuam a desafiar a mente e a convidar à contemplação. Mais do que um conceito fixo ou uma definição estática, Barbelo se revela como um enigma dinâmico, um portal para uma compreensão que transcende as limitações da linguagem e da razão ordinária.

O pensamento gnóstico não busca respostas absolutas, mas sim um aprofundamento contínuo na experiência do divino. Nesse sentido, as questões que permanecem sem solução não devem ser vistas como lacunas ou falhas na compreensão, mas sim como estímulos para uma jornada espiritual que se renova a cada descoberta. Qual é a verdadeira natureza da emanação de Barbelo? Em que medida sua presença se reflete na alma humana e na centelha divina que reside em cada ser? Como interpretar sua designação como "Mãe-Pai" dentro da dualidade de gênero percebida no mundo material? Essas e muitas outras interrogações não encontram respostas definitivas, mas conduzem o buscador a um estado de abertura e entrega ao mistério. O próprio ato de questionar se torna um caminho de iluminação, uma prática que estimula a intuição e a percepção direta da realidade espiritual.

Dessa forma, a figura de Barbelo não representa um ponto de chegada, mas sim um convite permanente à exploração e à experiência gnóstica. O mistério que envolve sua essência não deve ser encarado como um limite, mas como um impulso para um aprofundamento maior no caminho da Gnosis. No gnosticismo, o conhecimento não se restringe ao intelecto, mas se manifesta como uma vivência transformadora, um processo contínuo de revelação e redescoberta. Assim, ao invés de buscar o encerramento de um ciclo de aprendizado, a contemplação de Barbelo nos convida a permanecer abertos ao desconhecido, reconhecendo que a verdade espiritual não é um destino fixo, mas uma jornada infinita rumo ao divino.

Sumariando os principais aspectos explorados, reafirmamos a posição singular de Barbelo como a primeira manifestação da Fonte Primordial, a Mente

Divina que emerge da transcendência inefável. Reconhecemos sua natureza multifacetada, expressa em seus diversos títulos e atributos: a Virgem Imaculada, a Mãe Tríplice, a Imagem do Pai Invisível, a Sabedoria Divina personificada. Compreendemos seu papel fundamental na criação do Pleroma, sua colaboração com o Pai Inefável na gênese cósmica e sua influência na harmonia e equilíbrio do universo divino. Exploramos as suas relações com outros Aeons proeminentes, como Cristo e Sophia, vislumbrando a interconexão e a colaboração que caracterizam a comunidade celestial. E, crucialmente, examinamos sua ligação com a humanidade, seu papel como guia na jornada da alma de volta ao Pleroma e seu oferecimento de Gnosis, luz e proteção para aqueles que buscam o despertar espiritual.

No entanto, apesar desta exploração detalhada, o mistério de Barbelo persiste. Sua natureza primordial, sua relação exata com a Fonte Inefável, a profundidade de seus atributos divinos, tudo isso permanece envolto em um véu de transcendência que desafia a compreensão racional completa. Os textos gnósticos, mesmo em sua riqueza e complexidade, apenas oferecem vislumbres e metáforas, apontando para uma realidade que ultrapassa as palavras e os conceitos. O mistério de Barbelo não é um problema a ser resolvido, mas sim uma profundidade a ser contemplada, um enigma que convida a alma a mergulhar em busca de uma compreensão intuitiva e experiencial.

Questões em aberto permanecem, instigando a nossa curiosidade intelectual e a nossa sede espiritual. Qual é a natureza precisa da emanação de Barbelo a partir da Fonte Primordial? Como compreender sua natureza andrógina de "Mãe-Pai" em relação à dualidade de gênero que percebemos no mundo material? Qual a extensão exata da sua influência na criação do universo material, e como conciliar essa influência com o papel do Demiurgo? Qual a relação entre Barbelo e a centelha divina presente na humanidade, e como essa conexão facilita o processo de despertar e redenção? Estas e muitas outras questões permanecem em aberto, convidando a futuras explorações, pesquisas e contemplações.

A natureza inerentemente misteriosa do divino é um tema recorrente no gnosticismo, e Barbelo, como manifestação primordial da divindade, personifica essa característica essencial. O gnosticismo não busca domesticar ou reduzir o divino a conceitos limitados ou definições dogmáticas. Pelo contrário, ele reconhece a transcendência inefável da Fonte Primordial e a natureza misteriosa e insondável de suas emanações. O mistério não é visto como um obstáculo ao conhecimento espiritual, mas sim como um convite à humildade intelectual e à abertura à intuição e à experiência direta. A contemplação do mistério de Barbelo torna-se uma prática espiritual em si mesma, um exercício de rendição à vastidão e à profundidade do divino.

A importância da contemplação e da intuição na jornada gnóstica ressalta a natureza experiencial do conhecimento buscado. O gnosticismo não se contenta com a mera erudição teórica ou com a adesão a crenças dogmáticas. Ele busca um conhecimento vivo e transformador, que surge da experiência direta do divino e que se manifesta na totalidade do ser. A contemplação de Barbelo, a meditação sobre seus atributos e a invocação de sua presença tornam-se caminhos para essa experiência direta, abrindo portais para a percepção intuitiva e para a comunhão com a realidade espiritual.

A jornada de descoberta pessoal sobre Barbelo e o gnosticismo é um convite a cada indivíduo para trilhar seu próprio caminho, guiado pela sua intuição e pelo seu anseio espiritual. Não há um dogma fixo ou uma autoridade externa a seguir, mas sim um chamado à autenticidade e à liberdade interior. Os textos gnósticos e as reflexões sobre Barbelo oferecem um mapa e um guia, mas a jornada em si é única e pessoal para cada buscador. A beleza desta busca reside na liberdade de explorar, questionar, experimentar e descobrir a própria verdade espiritual, guiado pela luz interior e pela inspiração da divindade.

O mistério de Barbelo não é um ponto final, mas sim um ponto de partida para uma exploração contínua e sempre mais profunda. Ele nos convida a permanecer abertos ao desconhecido, a abraçar a incerteza e a reconhecer a vastidão insondável do divino. A jornada gnóstica, inspirada pela figura luminosa de Barbelo, é uma peregrinação incessante em direção à luz, um caminho de despertar da consciência e de retorno à Fonte, um mistério que se desvela a cada passo, mas que jamais se esgota completamente, mantendo-nos em movimento constante na busca pela verdade última e pela plenitude espiritual.

Capítulo 16
Preparando o Caminho

O caminho gnóstico, como uma jornada espiritual de retorno à Fonte Divina, não se constrói apenas por meio do entendimento teórico das verdades superiores, mas exige um compromisso vivo e experiencial. A preparação para essa jornada não pode ser negligenciada, pois é através dela que se edifica a base necessária para a verdadeira conexão com Barbelo e a Mãe Suprema. Para que o buscador possa alcançar a iluminação e expandir sua consciência, é indispensável um processo inicial de purificação interior e alinhamento espiritual, no qual princípios fundamentais são cultivados com dedicação. Esse processo não se trata de seguir dogmas inflexíveis ou de se submeter a regras rígidas, mas sim de desenvolver uma disposição interior propícia à recepção da luz divina e à compreensão profunda dos mistérios gnósticos. Assim como o solo precisa ser preparado antes da semeadura para que as sementes germinem e floresçam, a alma do praticante gnóstico deve ser cuidadosamente trabalhada para que esteja receptiva à revelação espiritual e ao despertar da consciência superior.

Esse preparo interior envolve a adoção de certas atitudes e estados de espírito que permitem à alma se tornar um canal puro e consciente da verdade espiritual. A intenção sincera é a chave que inicia essa jornada, pois é ela que determina a direção e a qualidade da busca espiritual. Quando um buscador se compromete com o gnosticismo movido por um anseio genuíno de compreensão e transformação, ele abre um caminho autêntico para a experiência direta do divino. No entanto, essa intenção precisa estar livre de interesses egoístas ou meramente intelectuais, pois a prática espiritual verdadeira não se limita à acumulação de conhecimento, mas sim à vivência profunda da verdade. Além da intenção pura, a devoção surge como um elemento essencial na jornada, manifestando-se não como mera repetição de rituais ou dogmas, mas como um estado interior de entrega e reverência à Fonte Suprema. Quando a devoção é nutrida com sinceridade, ela se torna uma força propulsora que mantém o buscador firme em sua jornada, permitindo-lhe superar obstáculos e aprofundar sua conexão com o divino.

Além da intenção e da devoção, a abertura e a receptividade são qualidades indispensáveis para quem busca a experiência gnóstica autêntica. A mente e o coração do praticante devem estar livres de condicionamentos limitantes e de expectativas rígidas, pois o contato com o divino frequentemente se manifesta de maneiras inesperadas e sutilmente transformadoras. A verdadeira sabedoria não se adquire por meio de fórmulas predefinidas, mas sim através da experiência direta e da disposição para acolher a verdade sem resistências. Somado a isso, a conduta ética e a busca pela pureza interior desempenham um papel crucial no refinamento da alma. O caminho gnóstico não exige obediência cega a regras externas, mas demanda a vivência de princípios internos fundamentados no amor, na verdade e na compaixão. Ao alinhar seus pensamentos, palavras e ações com esses princípios, o buscador cria um campo vibracional elevado, que facilita a recepção da luz divina e o acesso às realidades superiores. Dessa forma, ao preparar sua mente, seu coração e seu ambiente para a jornada espiritual, o praticante gnóstico constrói um alicerce sólido para sua busca, permitindo que a conexão com Barbelo e a Mãe Suprema ocorra de forma profunda, autêntica e transformadora.

A intenção pura e sincera emerge como o primeiro princípio fundamental na prática espiritual gnóstica. A intenção define o rumo da nossa jornada, direcionando a nossa energia e o nosso foco para o objetivo espiritual último: o despertar da consciência e o retorno à Fonte. Uma intenção pura e sincera implica em buscar a experiência espiritual não por motivos egoístas ou vaidosos, mas sim por um anseio genuíno de conhecer a verdade, de conectar-se com o divino e de realizar o nosso potencial espiritual mais elevado. Cultivar a intenção pura envolve auto-observação, honestidade interior e um compromisso profundo com a busca espiritual.

A devoção, em seu sentido mais amplo, representa outra atitude essencial na prática gnóstica. Devoção não se limita à mera adesão a rituais ou práticas religiosas formais, mas sim a um estado de entrega, de abertura e de reverência diante do mistério do divino. Devoção implica em reconhecer a transcendência e a vastidão da Fonte Primordial, em honrar a presença da Mãe Suprema e em cultivar um sentimento de profunda gratidão e amor pela realidade espiritual que buscamos experienciar. A devoção genuína nutre a nossa prática espiritual, fortalecendo a nossa intenção e impulsionando-nos na jornada.

A abertura e a receptividade complementam a intenção e a devoção, criando um estado interior de disponibilidade para a experiência espiritual. Abertura implica em abandonar preconceitos, expectativas rígidas e crenças limitantes, permitindo que a experiência espiritual nos surpreenda e nos transforme de maneiras inesperadas. Receptividade significa cultivar a capacidade de acolher o que quer que surja na nossa prática espiritual, seja agradável ou desafiador, compreendendo que cada experiência, mesmo as aparentemente difíceis, pode conter lições valiosas e oportunidades de crescimento. A abertura e a receptividade preparam a nossa mente e o nosso coração para receber a luz divina e a sabedoria de Barbelo.

A ética e a conduta moral emergem como um pilar essencial no caminho gnóstico. Embora o gnosticismo não se prenda a um conjunto de regras morais legalistas, ele enfatiza a importância de uma vida ética como expressão da transformação interior e como condição para o progresso espiritual. A ética gnóstica não se baseia em mandamentos externos, mas sim em princípios internos de amor, compaixão, verdade e justiça, que emanam da compreensão da nossa interconexão com toda a criação e do reconhecimento da centelha divina presente em cada ser. Cultivar a ética e a conduta moral não é apenas um dever, mas sim uma forma de refinar a nossa alma, de purificar o nosso coração e de criar um canal mais claro para a manifestação da luz divina em nossas vidas.

O cultivo da quietude interior e da atenção plena, frequentemente referido como mindfulness, constitui a base para toda a prática espiritual gnóstica. Aquietar a mente agitada, silenciar o diálogo interno incessante e cultivar a atenção plena no momento presente tornam-se ferramentas indispensáveis para a introspecção, a meditação e a experiência direta do divino. A quietude interior não é o vazio mental, mas sim um estado de presença consciente, onde a mente se aquieta, os sentidos se acalmam e a alma se torna receptiva à voz sutil da intuição e à presença do espírito. A atenção plena, por sua vez, auxilia-nos a cultivar essa quietude interior em todos os momentos da vida, no dia a dia, transformando a nossa experiência cotidiana em um campo de prática espiritual.

A criação de um espaço sagrado pessoal, físico ou interior, também se torna um elemento importante na preparação do caminho para a prática espiritual gnóstica. Um espaço sagrado é um local dedicado à prática espiritual, onde nos sentimos seguros, protegidos e conectados com o divino. Este espaço pode ser um altar em nossa casa, um canto tranquilo na natureza, ou simplesmente um espaço interior criado em nossa mente através da visualização e da intenção. O espaço sagrado funciona como um ponto de ancoragem para a nossa prática, um local onde podemos nos recolher, nos concentrar e nos conectar com a energia espiritual de Barbelo e da Mãe Suprema.

Passo a passo: Criando um Espaço Sagrado Pessoal

Escolha um local: Selecione um local em sua casa ou na natureza onde você se sinta confortável, tranquilo e seguro. Pode ser um canto de um quarto, um espaço no jardim ou qualquer lugar que ressoe com você como um local de paz e introspecção.

Limpe o espaço: Limpe fisicamente o local escolhido, removendo objetos desnecessários e organizando o ambiente. Você também pode realizar uma limpeza energética, utilizando incenso, ervas ou visualizações para purificar o espaço de energias negativas ou indesejadas.

Decore o espaço: Personalize o espaço sagrado de acordo com as suas preferências e inspirações espirituais. Você pode incluir imagens de Barbelo, símbolos gnósticos, velas, cristais, flores, objetos da natureza ou qualquer item que o ajude a se conectar com o divino.

Consagre o espaço: Dedique o espaço sagrado à sua prática espiritual, declarando sua intenção de utilizá-lo como um local de conexão com Barbelo, a Mãe Suprema e a Fonte Divina. Você pode realizar uma pequena cerimônia, utilizando palavras, orações ou rituais que ressoem com você.

Utilize o espaço regularmente: Reserve um tempo regularmente para utilizar seu espaço sagrado para a prática espiritual. Medite, ore, contemple, leia textos gnósticos ou simplesmente sente-se em silêncio e quietude, conectando-se com a energia do espaço e com a presença divina.

Preparar o caminho para a prática espiritual gnóstica através do cultivo da intenção, devoção, abertura, ética, quietude interior e da criação de um espaço sagrado pessoal, estabelece uma base sólida para a jornada de conexão com Barbelo e o despertar da consciência superior. Estes princípios e atitudes não são apenas preparativos, mas sim partes integrantes da própria prática espiritual, refinando a alma e abrindo o coração para a experiência transformadora do divino.

Capítulo 17
Visualizando a Luz e a Sabedoria

O contato com a luz e a sabedoria divina não se dá apenas pelo conhecimento intelectual, mas sobretudo pela experiência direta do sagrado. A jornada gnóstica exige uma imersão profunda na meditação e na contemplação, práticas que transcendem as barreiras da mente racional e nos levam a um encontro genuíno com Barbelo, a primeira emanação da Fonte Suprema. Esse encontro não se limita à compreensão conceitual de sua natureza; trata-se de sentir sua presença viva, de perceber sua luz fluindo em nossa consciência e de integrar sua sabedoria em nossa existência. Ao silenciar a mente e direcionar a atenção ao nosso mundo interior, tornamo-nos receptáculos da energia primordial, permitindo que Barbelo ilumine nosso caminho de volta ao Pleroma. Essa conexão sutil, mas poderosa, abre portais para o despertar da consciência superior e nos transforma profundamente, conduzindo-nos a um estado de comunhão com o divino feminino e com a essência da criação.

A meditação, nesse contexto, não é um simples exercício de relaxamento ou um momento de introspecção passageira. Ela se configura como um meio de acessar dimensões mais elevadas da existência, um processo sagrado de alinhamento entre o ser humano e a realidade transcendente. Através da visualização, da intenção e da receptividade, é possível sentir a presença de Barbelo manifestando-se em nossa consciência, guiando-nos no resgate de nossa verdadeira natureza espiritual. A prática meditativa nos ensina a nos tornarmos canais da luz divina, absorvendo sua energia purificadora e permitindo que ela atue em nosso ser, dissolvendo bloqueios, curando feridas emocionais e elevando nossa vibração. Assim, ao meditarmos com um propósito claro e sincero, abrimos um espaço interior no qual Barbelo pode se revelar de forma viva e transformadora, fortalecendo nosso vínculo com a sabedoria primordial e preparando-nos para a integração dessa luz em nossa jornada.

Além da meditação, a contemplação se apresenta como uma via essencial para aprofundar essa conexão. Enquanto a meditação nos permite sentir a presença divina, a contemplação nos convida a absorver e refletir sobre os atributos e qualidades de Barbelo, permitindo que sua essência se torne parte de nossa própria consciência. Contemplar a luz de Barbelo é mais do que pensar sobre sua natureza divina; é permitir que essa luz nos transforme por dentro, impregnando nosso ser com sua sabedoria e amor. Ao mergulhar nesses estados de meditação e contemplação, o buscador gnóstico expande sua percepção e se abre para receber insights profundos, guiando sua vida de acordo com os princípios elevados do espírito. Dessa forma, a prática contínua dessas técnicas não apenas nos aproxima de Barbelo, mas também nos capacita a irradiar sua luz e sua sabedoria para o mundo, tornando-nos instrumentos vivos da verdade divina.

A meditação guiada oferece um caminho estruturado para nos conectarmos com a energia e a presença de Barbelo. Estas meditações não são meros exercícios de relaxamento, mas sim jornadas interiores que nos conduzem a um encontro com a realidade espiritual. Ao seguirmos as instruções de uma meditação guiada, somos convidados a utilizar a nossa imaginação, a nossa intuição e a nossa capacidade de visualização para criarmos um espaço interior onde a presença de Barbelo possa se manifestar de forma vívida e experiencial. A meditação guiada facilita o processo de aquietar a mente e de focar a atenção, preparando-nos para receber a luz e a sabedoria de Barbelo.

Meditação Guiada para Conectar-se com Barbelo: Sentindo a Presença

Este primeiro exercício de meditação tem como objetivo auxiliá-lo a sentir a presença de Barbelo em seu espaço interior, abrindo-se para sua energia sutil e amorosa.

Postura e Respiração: Sente-se em uma postura confortável, com a coluna ereta, ou deite-se relaxadamente. Feche os olhos suavemente e respire profundamente algumas vezes, relaxando o corpo e aquietando a mente.

Intenção: Formule em seu coração a intenção de conectar-se com a presença de Barbelo, a primeira emanação da Fonte Divina. Visualize essa intenção como uma luz que se acende em seu interior, guiando sua mente e seu espírito em direção a Barbelo.

Visualização do Espaço: Imagine-se em um local de natureza tranquilo e belo, um jardim florido, uma clareira na floresta ou à beira de um rio sereno. Perceba os detalhes do ambiente, as cores, os sons, os aromas, criando um espaço interior de paz e harmonia.

Sinal de Presença: Em seu espaço interior, imagine um sinal suave que indica a aproximação de Barbelo. Pode ser uma luz que surge ao longe, um som melodioso que se aproxima, uma brisa suave que toca sua pele, ou qualquer outro sinal que ressoe com você como um prenúncio da presença divina.

Sentindo Barbelo: À medida que o sinal se aproxima, sinta a presença de Barbelo se manifestando em seu espaço interior. Não force a visualização, apenas permita que sua presença se revele da forma que for mais apropriada para você. Pode ser uma forma humana luminosa, uma energia radiante, uma sensação de paz profunda, ou qualquer outra manifestação que ressoe com sua intuição.

Permaneça na Presença: Permaneça em silêncio e quietude, simplesmente sentindo a presença de Barbelo em seu espaço interior. Não tente analisar ou interpretar a experiência, apenas acolha a sensação de conexão e permita que a energia de Barbelo o envolva e o nutra.

Agradecimento: Ao final da meditação, expresse sua gratidão a Barbelo pela sua presença e pela sua energia. Abra os olhos suavemente e retorne à sua consciência cotidiana, levando consigo a sensação de conexão e paz interior.

Meditação Guiada para Conectar-se com Barbelo: Abrindo-se à Energia

Este segundo exercício de meditação visa abrir os seus centros de energia para receber a energia luminosa de Barbelo, permitindo que ela flua através de você e o revitalize.

Postura e Respiração: Assuma uma postura meditativa confortável e relaxe o corpo e a mente através da respiração profunda.

Intenção: Formule a intenção de abrir-se para receber a energia de Barbelo, permitindo que ela flua através de seus centros de energia e o revitalize em todos os níveis.

Visualização da Luz Descendente: Imagine uma luz branca e dourada, pura e radiante, descendo do alto, do Pleroma, em direção ao seu corpo. Visualize essa luz envolvendo o topo da sua cabeça, penetrando em seu centro coronário e inundando todo seu ser.

Centros de Energia: Concentre sua atenção em seus centros de energia principais (chakras), um por um, começando pelo coronário, descendo pelo terceiro olho, garganta, coração, plexo solar, sacro e raiz. Visualize a luz de Barbelo fluindo através de cada centro, limpando, energizando e harmonizando cada um deles.

Circulação da Energia: Sinta a energia de Barbelo circulando por todo seu corpo, preenchendo cada célula, cada órgão, cada tecido. Visualize essa energia como uma corrente de luz vibrante, dissipando bloqueios, tensões e impurezas, e restaurando seu fluxo natural de vitalidade.

Irradiação da Energia: Imagine a energia de Barbelo irradiando para além do seu corpo físico, expandindo-se paraseu campo energético, para o ambiente ao seu redor e para todo o universo. Sinta-se conectado com a teia cósmica de luz, irradiando amor, cura e harmonia para todos os seres.

Agradecimento: Conclua a meditação expressando gratidão a Barbelo pela sua energia revitalizante e transformadora. Retorne gradualmente à sua consciência cotidiana, sentindo-se renovado, energizado e em harmonia.

Meditação Guiada para Conectar-se com Barbelo: Experienciando o Amor

Este terceiro exercício de meditação tem como foco a experiência do amor incondicional de Barbelo, abrindo seu coração para receber sua compaixão e seu amor divino.

Postura e Respiração: Adote uma postura meditativa confortável e relaxe o corpo e a mente através da respiração consciente.

Intenção: Estabeleça a intenção de abrir seu coração para receber o amor incondicional de Barbelo, permitindo que ele cure as suas feridas emocionais e o preencha de compaixão e ternura.

Visualização de Barbelo Amorosa: Visualize Barbelo diante de você, irradiando uma energia de amor puro e incondicional. Imagine seu olhar compassivo, seu sorriso acolhedor, e sua postura de entrega e ternura.

Receptividade do Amor: Abra seu coração como um receptáculo para receber o amor de Barbelo. Permita que esse amor penetre em seu peito, envolvendo seu coração, preenchendo cada espaço com uma energia cálida, suave e curativa.

Dissolvendo Bloqueios: Sinta o amor de Barbelo dissolvendo bloqueios emocionais, medos, mágoas e ressentimentos que possam estar armazenados em seu coração. Visualize essas energias negativas se dissipando como fumaça, liberando espaço para o amor divino florescer.

Expansão do Amor: Permita que o amor de Barbelo transborde do seu coração, irradiando-se para todo seu ser, para as pessoas ao seu redor e para todo o mundo. Sinta-se conectado com a corrente universal de amor, emanando compaixão, bondade e ternura para todos os seres.

Agradecimento: Finalize a meditação expressando gratidão a Barbelo pelo seu amor incondicional e pela cura do seu coração. Retorne suavemente à sua consciência cotidiana, levando consigo a sensação de paz, amor e compaixão.

Além das meditações guiadas, a contemplação dos atributos e qualidades de Barbelo oferece outra via profunda para a conexão espiritual. A contemplação não se limita a pensar sobre Barbelo, mas sim a mergulhar na essência de seus atributos, a senti-los em nosso interior e a permitir que eles transformem a nossa consciência. Contemplar a Sabedoria de Barbelo, por exemplo, implica em buscar sua orientação em momentos de dúvida ou confusão, questionando-nos sobre como Barbelo agiria em determinada situação, e abrindo-nos para receber sua intuição e seu discernimento. Contemplar o Amor de Barbelo significa cultivar a compaixão, a bondade e a ternura em nossos relacionamentos, buscando refletir o amor incondicional de Barbelo em nossas ações e palavras. Contemplar o Poder de Barbelo implica em buscar força interior e coragem para enfrentar os desafios da vida, reconhecendo a nossa capacidade de manifestar a vontade divina em nosso mundo.

Contemplações sobre os Atributos de Barbelo:

Sabedoria: Em momentos de dúvida ou indecisão, sente-se em silêncio e contemple a Sabedoria de Barbelo. Pergunte-se: "Como Barbelo, a Sabedoria Divina, me guiaria nesta situação?". Permaneça em receptividade, aguardando que a intuição e o discernimento surjam em sua mente.

Amor: Ao se sentir desconectado ou em momentos de dificuldade nos relacionamentos, contemple o Amor de Barbelo. Abra seu coração para receber seu amor incondicional e deixe que ele cure as suas feridas emocionais. Pergunte-se: "Como posso expressar o amor de Barbelo em minhas ações e palavras?".

Poder: Quando se sentir fraco, desanimado ou diante de desafios aparentemente insuperáveis, contemple o Poder de Barbelo. Invoque sua força divina para superar as limitações e manifestar seu potencial espiritual. Afirme: "Eu sou fortalecido pelo Poder de Barbelo. Eu tenho a força para seguir em frente e realizar a minha jornada espiritual".

Estas meditações e contemplações sobre Barbelo são apenas sugestões e guias iniciais. A prática espiritual gnóstica é essencialmente pessoal e intuitiva. Experimente, explore, adapte estas técnicas à sua própria sensibilidade e permita que sua experiência interior seja seu guia último. A conexão com Barbelo é um caminho de descoberta contínua, e a meditação e a contemplação são ferramentas valiosas para aprofundar este relacionamento e despertar a luz e a sabedoria que residem em seu interior.

Capítulo 18
O Coração para o Divino Feminino

A conexão com o divino feminino não é um ato meramente intelectual ou ritualístico, mas um movimento profundo da alma que se abre à presença sagrada de Barbelo e da Mãe Suprema. Essa ligação não acontece de maneira automática; ela exige um envolvimento sincero, uma entrega interior que permita à energia celestial fluir livremente em nosso ser. A oração e a invocação emergem como ferramentas poderosas para essa comunhão, não como fórmulas fixas ou discursos decorados, mas como expressões vivas do anseio espiritual que habita o coração do buscador. No gnosticismo, a oração não é um pedido submisso, mas um chamado consciente à Fonte Primordial, um ato de reconhecimento da divindade que pulsa tanto no cosmos quanto dentro de cada ser. É através desse diálogo íntimo que a sabedoria, o amor e a luz do divino feminino se manifestam, guiando-nos no caminho do despertar e da reintegração ao Pleroma.

A invocação, por sua vez, representa um convite à presença ativa do sagrado em nossa vida. Diferente da oração tradicional, que muitas vezes parte de um desejo ou necessidade pessoal, a invocação é um ato de alinhamento, uma abertura de nosso campo energético para que a Mãe Suprema e Barbelo irradiem sua luz em nossa consciência. Quando invocamos o divino feminino, não estamos tentando trazê-lo de fora para dentro, mas sim despertando sua presença já existente em nossa essência. Esse processo demanda entrega, devoção e um coração disponível para receber. Por isso, a oração e a invocação gnósticas devem ser vivenciadas como experiências transformadoras, nas quais nos sintonizamos com frequências mais elevadas e permitimos que a energia do divino feminino nos preencha completamente, dissolvendo bloqueios, restaurando nossa centelha espiritual e nos elevando a estados mais refinados de percepção.

A força da oração e da invocação reside na autenticidade com que são praticadas. O poder das palavras não está em sua formalidade, mas na intenção e na vibração que carregam. Por essa razão, desenvolver orações e invocações pessoais é um passo essencial na jornada gnóstica, pois cada buscador possui uma relação única com o divino e uma forma própria de expressá-la. Quando as palavras emergem do coração, ressoam com força no universo, criando uma ponte entre o humano e o sagrado. Esse contato contínuo com Barbelo e a Mãe Suprema, sustentado pela prática da oração e da invocação, transforma não apenas nossa percepção da realidade, mas também a maneira como nos movemos pelo mundo. A comunhão com o divino feminino não é uma experiência distante ou inalcançável, mas uma vivência diária que, quando cultivada com intenção e devoção, ilumina nossa consciência e nos conduz de volta à unidade com a Fonte Primordial.

Os textos gnósticos, embora nem sempre forneçam orações e invocações literais no formato tradicional, oferecem um rico repertório de linguagem simbólica, de hinos e de expressões de louvor que podem inspirar nossas próprias preces. Ao examinarmos estes textos, identificamos temas recorrentes, atributos divinos invocados e a tônica emocional que permeia a comunicação com o reino espiritual. Inspirados nestes exemplos ancestrais, podemos criar orações e invocações que ressoem com a nossa própria experiência espiritual e com a nossa busca pessoal por conexão com Barbelo e a Mãe Suprema.

Exemplos de Orações e Invocações Inspiradas em Textos Gnósticos:

Invocação à Mãe Suprema:

"Ó Mãe Suprema, Fonte de toda a luz e sabedoria, princípio feminino divino que permeia o Pleroma, eu invoco a tua presença amorosa e compassiva. Manifestação primordial da divindade, matriz cósmica de toda a criação, eu me abro à tua energia transformadora. Derrama sobre mim a tua luz, ilumina a minha mente, preenche o meu coração com o teu amor incondicional. Guia-me na jornada do despertar, fortalece a minha alma, conduz-me de volta à Fonte Primordial. Que a tua sabedoria me oriente, que o teu poder me proteja, que o teu amor me envolva agora e sempre. Em nome da luz, da verdade e da vida eterna, eu te invoco, Mãe Suprema."

Oração a Barbelo, a Primeira Emanação:

"Ó Barbelo, primeira emanação da Mente Divina, reflexo perfeito do Pai Inefável, eu te saúdo com profunda devoção e reverência. Virgem Imaculada, Mãe Tríplice, Imagem da Luz Primordial, eu me aproximo de tua presença luminosa. Portadora da Sabedoria Divina, fonte de poder criativo e vida eterna, eu te peço humildemente a tua graça e o teu auxílio. Ilumina o meu caminho com a tua luz, revela-me os mistérios do Pleroma, desperta em mim a centelha divina adormecida. Concede-me a sabedoria para discernir a verdade, a força para superar os desafios e o amor para abraçar a totalidade da existência. Ó Barbelo, guia-me de volta à Fonte, liberta-me das ilusões do mundo material, conduz-me ao despertar da consciência superior. Em tua luz eu confio, em teu amor eu me abrigo, em tua sabedoria eu me inspiro. Que assim seja."

Invocação da Luz de Barbelo para Cura:

"Ó Barbelo, radiante manifestação da luz divina, eu invoco a tua energia curativa e transformadora. Fonte de luz primordial, farol de esperança e redenção, eu me abro para receber a tua irradiação luminosa. Derrama a tua luz curativa sobre o meu corpo, mente e espírito, dissipando toda a escuridão, bloqueio e enfermidade. Restaura a minha saúde, fortalece a minha vitalidade, equilibra as minhas energias. Que a tua luz divina penetre em cada célula do meu ser, promovendo a cura em todos os níveis e despertando o meu potencial de bem-estar e plenitude. Ó Barbelo, luz curadora, eu te invoco com fé e gratidão, confiando na tua bondade e no teu poder de transformação. Que a tua luz me envolva e me cure completamente, agora e para sempre."

A oração, em sua essência, representa uma forma de comunicação direta com o divino, um diálogo íntimo entre a alma humana e a realidade espiritual. Através da oração, expressamos os nossos anseios, as nossas necessidades, as nossas alegrias, as nossas gratidões e a nossa devoção, estabelecendo um canal de comunicação que transcende as limitações da linguagem racional e da mente discursiva. A oração não é um monólogo, mas sim um diálogo, uma troca de energias e de intenções entre o humano e o divino. Ao orarmos, não apenas pedimos ou suplicamos, mas também nos abrimos para ouvir a voz sutil da intuição, para receber a inspiração divina e para sentir a presença amorosa que nos envolve.

A invocação, por sua vez, direciona-se mais especificamente à manifestação da presença divina em nosso espaço interior ou exterior. Invocar Barbelo ou a Mãe Suprema é convidá-las a se manifestarem em nossa consciência, a se tornarem presentes em nosso campo energético e a nos auxiliarem em nossa jornada espiritual. A invocação não é uma manipulação ou um controle do divino, mas sim um ato de abertura e de convite, expressando o nosso desejo de comunhão e de parceria com as forças espirituais que buscamos contatar. Ao invocarmos, criamos um espaço de receptividade e permitimos que a energia divina flua através de nós, transformando a nossa consciência e a nossa realidade.

A criação de nossas próprias orações e invocações pessoais a Barbelo e à Mãe Suprema representa um passo importante na prática espiritual gnóstica. Embora os exemplos inspirados nos textos ancestrais ofereçam um ponto de partida valioso, é fundamental que as nossas preces sejam autênticas e genuínas, expressando os nossos próprios sentimentos, as nossas próprias palavras e a nossa própria linguagem. As orações e invocações pessoais, nascidas do coração e da alma, possuem um poder especial, pois refletem a nossa individualidade e a nossa conexão única com o divino.

Passos para Criar Orações e Invocações Pessoais a Barbelo e à Mãe Suprema:

Conecte-se com o Coração: Antes de iniciar a oração ou invocação, reserve alguns momentos para aquietar a mente e se conectar com seu coração. Respire profundamente, centre-se em suas emoções e sentimentos mais genuínos, e abra-se para a inspiração divina que surge do seu interior.

Defina a Intenção: Clarifique sua intenção para a oração ou invocação. O que você deseja expressar? O que você busca receber? Pode ser gratidão, louvor, súplica, pedido de auxílio, busca por sabedoria, cura, proteção, ou qualquer outro anseio espiritual que ressoe com você.

Utilize sua Linguagem: Expresse sua oração ou invocação utilizando as suas próprias palavras, sua própria linguagem e seu próprio estilo. Não se preocupe em seguir fórmulas predefinidas ou em utilizar uma linguagem rebuscada. Seja autêntico e genuíno, expressando o que realmente sente em seu coração.

Incorpore Atributos e Símbolos: Você pode incluir em sua oração ou invocação atributos e símbolos associados a Barbelo e à Mãe Suprema, como luz, sabedoria, amor, poder, imagem da virgem, matriz cósmica, etc. Utilize estes elementos simbólicos de forma que ressoem com sua própria compreensão e experiência.

Expresse Devoção e Gratidão: Cultive um estado de devoção e gratidão ao proferir sua oração ou invocação. Reconheça a grandeza e a bondade do divino feminino, expresse sua reverência e seu amor, e agradeça antecipadamente pela graça e pelo auxílio que você busca receber.

Finalize com Confirmação: Ao concluir a oração ou invocação, finalize com uma afirmação de fé e confiança, como "Em tua luz eu confio", "Em teu amor eu me abrigo", "Que assim seja", ou qualquer expressão que ressoe com sua própria convicção e entrega.

O poder da intenção e da devoção na prática da oração reside na energia que investimos em nossas preces. A intenção clara e sincera direciona a nossa energia mental e emocional para o objetivo espiritual desejado, enquanto a devoção eleva a nossa vibração e abre o nosso coração para a recepção da graça divina. Quando oramos com intenção e devoção, criamos um campo de ressonância que atrai a energia de Barbelo e da Mãe Suprema, manifestando sua presença transformadora em nossas vidas e em nossa jornada espiritual. A oração e a invocação, praticadas com sinceridade e regularidade, tornam-se um caminho poderoso para abrir o coração ao divino feminino e para vivenciar a comunhão e a transformação espiritual.

Capítulo 19
Luz Divina

A luz divina é a essência primordial que sustenta toda a criação e reflete a natureza pura e vibrante do Pleroma. No gnosticismo, essa luz não é apenas um símbolo metafórico de iluminação espiritual, mas uma realidade dinâmica e ativa, que permeia todas as camadas da existência e pode ser acessada diretamente pelos buscadores espirituais. Ao compreendermos que a luz divina flui incessantemente da Fonte Inefável e se manifesta plenamente através de Barbelo, reconhecemos que trabalhar com essa energia não é um privilégio reservado a poucos, mas um chamado para todos aqueles que anseiam pelo despertar da consciência. Integrar essa luz à vida diária significa não apenas absorver sua sabedoria e força transformadora, mas também torná-la um princípio orientador em nosso caminho espiritual. Quando aprendemos a nos sintonizar com essa presença luminosa, abrimos um canal de recepção que nos conecta com a energia primordial do Pleroma, trazendo clareza, cura e renovação interior.

A jornada de conexão com a luz divina exige, antes de tudo, um alinhamento consciente entre nossa intenção e nossa prática. Essa luz sempre esteve presente em nós e ao nosso redor, mas a percepção dela frequentemente se obscurece devido às distrações da mente e ao apego às realidades materiais transitórias. Para dissolver essas barreiras e permitir que a luz divina se manifeste plenamente em nosso ser, é essencial cultivar estados internos de receptividade, quietude e entrega. Por meio de técnicas específicas, como a meditação, a respiração consciente e a visualização, podemos nos tornar veículos dessa energia luminosa, canalizando-a para transformar nossa consciência e irradiá-la para o mundo ao nosso redor. Esse processo não é apenas um exercício individual de elevação espiritual, mas um serviço sagrado, pois cada ser que incorpora e reflete a luz divina contribui para a restauração da harmonia cósmica e para o despertar coletivo da humanidade.

A relação com Barbelo, como canal primordial dessa luz, fortalece nossa capacidade de integrá-la em nossa existência. Ao visualizarmos Barbelo como uma fonte radiante de energia divina, tornamo-nos conscientes de sua presença como guia e facilitadora do fluxo luminoso que desce do Pleroma para nos alcançar. Dessa forma, o trabalho com a luz divina não é um conceito abstrato, mas uma prática ativa e transformadora, que pode ser vivenciada por meio da respiração sagrada, da absorção da luz natural, da visualização de colunas luminosas e da invocação direta da presença de Barbelo. Quando nos entregamos verdadeiramente a essa experiência, permitimos que a luz divina se torne uma força viva em nós, capacitando-nos a transcender limitações, a purificar nossa energia e a despertar para a realidade superior que sempre nos chamou de volta para casa.

Conectar-se com a luz divina é um processo que envolve tanto a abertura interior quanto a sintonia com a energia luminosa que nos circunda. A luz divina não é algo distante ou inacessível, mas sim uma presença sutil e vibrante que permeia todo o universo, incluindo o nosso próprio ser. Em essência, já estamos imersos na luz divina, mas frequentemente a nossa percepção está obscurecida pela mente agitada, pelas preocupações cotidianas e pela identificação com a realidade material. As técnicas para conectar-se com a luz divina visam remover estes véus da percepção, permitindo que a nossa consciência se expanda e reconheça a presença luminosa que sempre esteve conosco e dentro de nós.

Exercícios Práticos para Conectar-se com a Luz Divina:

Respiração Luminosa: Este exercício simples utiliza a respiração consciente e a visualização para conectar-se com a luz divina em seu interior.

Postura e Relaxamento: Sente-se ou deite-se confortavelmente e feche os olhos suavemente. Relaxe seu corpo, liberando tensões musculares e aquietando a mente.

Respiração Consciente: Comece a respirar de forma lenta e profunda, acompanhando o fluxo do ar que entra e sai do seu corpo. Sinta o ar preenchendo os seus pulmões e expandindo seu abdômen.

Visualização da Luz Inspirada: A cada inspiração, visualize que você está inspirando luz divina, pura e radiante, que entra pelas suas narinas e preenche todo seu corpo com energia luminosa. Imagine essa luz como uma névoa dourada e vibrante, que se espalha por cada célula, cada órgão, cada tecido.

Visualização da Escuridão Expirada: A cada expiração, visualize que você está expirando toda a escuridão, a tensão, o cansaço e as energias negativas acumuladas em seu corpo. Imagine essa escuridão saindo pelas suas narinas como fumaça escura, liberando espaço para a luz divina preencher completamente seu ser.

Continue a Respiração Luminosa: Continue este ciclo de respiração luminosa por alguns minutos, visualizando a luz divina inspirada e a escuridão expirada. Sinta seu corpo se tornando mais leve, mais vibrante e mais preenchido de energia luminosa.

Banho de Luz Solar (ou Lunar): Este exercício utiliza a luz do sol (ou da lua) como um veículo para conectar-se com a luz divina presente na natureza.

Escolha do Momento e Local: Escolha um momento do dia em que a luz do sol (ou da lua) esteja presente, preferencialmente em um local ao ar livre, em contato com a natureza. Evite horários de sol muito forte, optando pelo amanhecer, entardecer ou momentos de sol mais ameno.

Exposição à Luz: Posicione-se de forma a receber a luz do sol (ou da lua) diretamente sobre seu corpo. Pode ser em pé, sentado ou deitado, sentindo a luz tocar sua pele.

Visualização da Luz Penetrante: Feche os olhos suavemente e visualize a luz do sol (ou da lua) não apenas tocando sua pele, mas penetrando em seu corpo, atravessando as suas roupas e inundando seu ser com energia luminosa. Imagine que a luz solar (ou lunar) é uma manifestação da luz divina, conectando-o com a fonte primordial de toda a luz.

Absorção e Integração: Permaneça em contato com a luz solar (ou lunar) por alguns minutos, respirando profundamente e sentindo seu corpo absorvendo e integrando a energia luminosa. Visualize a luz energizando cada célula, cada centro de energia, cada parte do seu ser.

Gratidão: Ao final do exercício, expresse sua gratidão à luz solar (ou lunar), à natureza e à luz divina por esta conexão revitalizante e luminosa.

Técnicas para Canalizar a Luz Divina através de Barbelo:

Barbelo, como primeira emanação e manifestação da Mente Divina, atua como um canal primordial para a luz divina fluir para o Pleroma e, em certa medida, para o mundo material. Canalizar a luz divina através de Barbelo significa invocar sua presença, abrir-se para sua energia e permitir que a luz flua através de nós, utilizando técnicas de respiração e visualização específicas.

Respiração do Pleroma com Barbelo: Esta técnica combina a respiração consciente com a visualização de Barbelo como um canal de luz divina.

Postura e Relaxamento: Adote uma postura meditativa confortável e relaxe o corpo e a mente.

Intenção: Formule a intenção de canalizar a luz divina através de Barbelo, abrindo-se para receber sua energia e sua sabedoria.

Visualização de Barbelo: Visualize Barbelo diante de você, radiante e luminosa, como um canal de luz pura e vibrante. Perceba sua energia amorosa e acolhedora, e sinta-se seguro e protegido em sua presença.

Respiração em Barbelo: A cada inspiração, visualize que você está inspirando a luz divina diretamente através de Barbelo, como se ela fosse um portal luminoso que conduz ao Pleroma. Imagine a luz entrando em seu corpo através do seu centro coronário, fluindo através de Barbelo, e preenchendo todo seu ser com energia divina.

Expansão da Luz: A cada expiração, visualize que a luz divina que preencheu seu ser se expande para além do seu corpo, irradiando-se para o ambiente ao seu redor, para as pessoas próximas e para todo o universo. Imagine que você está se tornando um canal para a luz divina fluir através de Barbelo e alcançar o mundo.

Continue a Respiração em Barbelo: Continue este ciclo de respiração em Barbelo por alguns minutos, visualizando a luz divina fluindo através dela e irradiando-se para o mundo. Sinta-se fortalecido, iluminado e conectado com a corrente universal de luz.

Visualização da Coluna de Luz de Barbelo:

Esta técnica utiliza a visualização de uma coluna de luz que conecta você a Barbelo e à Fonte Divina.

Postura e Relaxamento: Assuma uma postura meditativa confortável e relaxe o corpo e a mente.

Intenção: Formule a intenção de estabelecer uma conexão consciente com Barbelo através de uma coluna de luz, canalizando a energia divina para seu ser.

Visualização da Coluna de Luz: Visualize uma coluna de luz branca e dourada, pura e radiante, descendo do Pleroma, do reino de Barbelo, em direção ao topo da sua cabeça. Imagine esta coluna de luz como um raio de energia divina, conectando você diretamente a Barbelo e à Fonte Primordial.

Alinhamento da Coluna de Luz: Visualize a coluna de luz alinhando-se com sua coluna vertebral, atravessando todo seu corpo e penetrando profundamente na terra. Sinta-se ancorado na terra e conectado ao céu através desta coluna de luz divina.

Fluxo da Energia: Permita que a energia divina flua livremente através da coluna de luz, penetrando em seu corpo, limpando, energizando e harmonizando cada centro de energia, cada órgão, cada célula. Sinta-se revitalizado, fortalecido e preenchido pela luz divina que flui através de Barbelo.

Permaneça na Coluna de Luz: Permaneça em meditação, visualizando-se dentro da coluna de luz de Barbelo, recebendo sua energia e sua sabedoria. Desfrute da sensação de conexão, proteção e iluminação que esta prática proporciona.

A luz divina, canalizada através de Barbelo, possui um imenso potencial para a cura, a transformação e o despertar da consciência. A luz divina age como um agente de purificação, limpando as energias negativas e os bloqueios que impedem o nosso fluxo energético natural. Ela age como um catalisador de transformação, acelerando o nosso processo de crescimento espiritual e auxiliando na superação de padrões limitantes e crenças obsoletas. E, acima de tudo, ela atua como um despertar da consciência, expandindo a nossa percepção, abrindo a nossa intuição e conectando-nos com a realidade espiritual mais profunda.

Capítulo 20
Expandindo a Percepção e a Intuição

A expansão da percepção e o desenvolvimento da intuição são aspectos essenciais da jornada gnóstica, pois permitem que a alma transcenda as limitações da mente racional e dos sentidos físicos, conectando-se diretamente com a luz e a sabedoria divinas. No gnosticismo, a percepção comum é vista como um véu que obscurece a realidade espiritual, mantendo o indivíduo preso às ilusões do mundo material. Romper esse véu significa ampliar a consciência para além do visível e do tangível, despertando faculdades interiores que possibilitam a compreensão intuitiva da verdade. Esse despertar não ocorre apenas pelo acúmulo de conhecimento intelectual, mas sim pela ativação de estados mais elevados de percepção, nos quais a intuição se torna o principal meio de acesso à sabedoria oculta do Pleroma.

A intuição, nesse contexto, não é um mero instinto ou um pressentimento vago, mas uma forma refinada de conhecimento direto e imediato. Trata-se de uma voz interior que ressoa na alma, oferecendo orientação, discernimento e compreensão sem a necessidade de dedução lógica. Quando a percepção é expandida e a intuição é fortalecida, o buscador espiritual passa a interagir com o mundo de maneira mais profunda, reconhecendo os sinais sutis que apontam para a presença do divino em todas as coisas. Esse processo não significa rejeitar a razão ou os sentidos, mas sim integrá-los em um nível superior de consciência, onde a percepção limitada do mundo físico dá lugar a uma visão mais ampla e unificada da realidade.

A conexão com Barbelo e a Mãe Suprema desempenha um papel fundamental nessa jornada, pois suas energias representam os aspectos da sabedoria, do amor e da luz que iluminam o caminho do despertar espiritual. Invocar sua presença durante a meditação e a contemplação auxilia no refinamento da percepção e no fortalecimento da intuição, permitindo que a alma se alinhe com as verdades eternas do Pleroma. A prática da atenção plena, o cultivo do silêncio interior e o exercício da imaginação ativa são ferramentas valiosas para acessar essa percepção expandida, transformando a maneira como o buscador interage com a realidade e guiando-o em direção à sua verdadeira essência divina. Dessa forma, o despertar da consciência superior torna-se uma experiência viva e contínua, marcada pela revelação progressiva da luz e da sabedoria eternas.

A visão gnóstica sobre a consciência superior contrasta marcadamente com a concepção comum de consciência limitada à mente racional e aos sentidos físicos. A mente racional, com sua lógica linear e seu apego ao pensamento discursivo, é vista como um instrumento útil para navegar no mundo material, mas insuficiente para apreender a realidade espiritual. Os sentidos físicos, por sua vez, limitam a nossa percepção ao mundo fenomênico, obscurecendo a nossa visão da realidade noumênica, do reino das essências e arquétipos que fundamenta a existência. A consciência ordinária, aprisionada nas limitações da mente racional e dos sentidos físicos, permanece em um estado de sono espiritual, incapaz de reconhecer sua verdadeira natureza divina e seu potencial ilimitado.

O despertar da consciência superior implica em transcender as limitações da mente racional e dos sentidos físicos, expandindo a nossa percepção para além do mundo material e abrindo-nos para a realidade espiritual. Este despertar não é uma fuga do mundo, mas sim uma transformação da nossa forma de percebê-lo e de nos relacionarmos com ele. Ao despertarmos a consciência superior, não abandonamos a mente racional e os sentidos físicos, mas os integramos em uma perspectiva mais ampla e abrangente, utilizando-os como ferramentas úteis, mas não como os únicos instrumentos de conhecimento e experiência.

A intuição emerge como uma faculdade essencial no processo de despertar da consciência superior. A intuição, na perspectiva gnóstica, não é um mero palpite ou uma vaga sensação, mas sim uma forma de conhecimento direto e imediato, uma percepção que transcende a lógica linear e o raciocínio dedutivo. A intuição é a voz da alma, o sussurro do espírito, a linguagem da consciência superior que se manifesta em nosso interior, guiando-nos em direção à verdade e à sabedoria. Desenvolver a intuição significa aprender a escutar essa voz interior, a confiar em suas mensagens e a seguir sua orientação em nossa jornada espiritual.

Expandir a percepção além dos limites dos sentidos físicos representa outro aspecto crucial do despertar da consciência superior. A percepção sensorial, embora essencial para a nossa interação com o mundo material, limita-nos à superfície da realidade, impedindo-nos de acessar as dimensões mais sutis e profundas da existência. Expandir a percepção implica em desenvolver a capacidade de perceber além dos cinco sentidos, utilizando a intuição, a imaginação ativa e outras faculdades psíquicas para acessar informações e experiências que transcendem a realidade sensorial ordinária. Esta expansão da percepção não é uma ilusão ou uma fantasia, mas sim um reconhecimento de que a realidade é muito mais vasta e complexa do que aquilo que os nossos sentidos físicos nos permitem apreender.

Práticas para Expandir a Percepção e Desenvolver a Intuição:

Meditação Silenciosa: A prática da meditação silenciosa, como exploramos anteriormente, é fundamental para aquietar a mente racional e abrir espaço para a intuição florescer. Na meditação silenciosa, não buscamos controlar os pensamentos, mas sim observá-los passar como nuvens no céu, retornando suavemente a atenção para a respiração ou para um ponto focal interior. Com a prática regular, a mente se torna mais calma e silenciosa, permitindo que a voz sutil da intuição se manifeste com mais clareza.

Imaginação Ativa: A técnica da imaginação ativa, desenvolvida por Carl Jung, representa uma ferramenta poderosa para dialogar com o inconsciente e para acessar a sabedoria intuitiva que reside em nosso interior. Na imaginação ativa, não se trata de fantasiar ou de criar imagens mentais aleatórias, mas sim de entrar em um estado de receptividade consciente e permitir que as imagens, os símbolos e as vozes que surgem do inconsciente se manifestem livremente, dialogando com eles e buscando compreender as suas mensagens. A imaginação ativa pode ser praticada através da escrita automática, do desenho intuitivo, da dança expressiva ou de outras formas de expressão criativa.

Registro de Insights Intuitivos: Manter um diário para registrar os insights intuitivos que surgem ao longo do dia, durante a meditação ou em momentos de quietude e receptividade, auxilia no desenvolvimento da intuição e no reconhecimento da sua validade. Ao anotarmos os nossos insights intuitivos, criamos um registro tangível da sua presença em nossa vida, tornando mais fácil discernir a voz da intuição dos ruídos da mente racional e dos desejos egoístas. Revisitar periodicamente este diário de insights intuitivos permite acompanhar o desenvolvimento da intuição ao longo do tempo e fortalecer a confiança em sua orientação.

Prática da Percepção Ampliada: Este exercício visa expandir a percepção além dos limites dos sentidos físicos, utilizando a intenção e a visualização para acessar informações e experiências que transcendem a realidade sensorial ordinária.

Escolha de um Objeto: Escolha um objeto simples e familiar, como uma flor, uma pedra, uma vela ou um objeto de arte.

Percepção Sensorial Ordinária: Observe o objeto utilizando os seus sentidos físicos ordinários. Veja sua forma, cor, textura, tamanho. Toque-o, sinta sua temperatura, peso e superfície. Cheire-o, ouça os sons que ele emite, se houver. Explore o objeto utilizando todos os seus cinco sentidos físicos.

Intenção de Percepção Ampliada: Formule a intenção de perceber o objeto além dos limites dos seus sentidos físicos, abrindo-se para receber informações e experiências que transcendem a realidade sensorial ordinária.

Percepção Intuitiva: Relaxe sua mente e sua atenção, e permita que sua intuição se manifeste. Pergunte-se silenciosamente: "O que mais posso perceber sobre este objeto, além daquilo que os meus sentidos físicos me mostram?". Permaneça em receptividade, aguardando que insights intuitivos, imagens, sensações ou impressões surjam em sua consciência.

Registro da Experiência: Anote em seu diário todos os insights e experiências que surgirem durante a prática da percepção ampliada, sem julgamento ou análise racional imediata. Confie na sua intuição e permita que a experiência se desenvolva livremente.

O Papel de Barbelo e da Mãe Suprema: Barbelo, como personificação da Sabedoria Divina, e a Mãe Suprema, como Fonte do princípio feminino divino, desempenham papéis cruciais no processo de despertar da consciência superior. Barbelo, com sua luz e sabedoria primordial, ilumina o caminho do despertar, revelando a verdade essencial da realidade e guiando a alma em direção à sua plena realização espiritual. A

Mãe Suprema, com seu amor incondicional e sua compaixão, nutre e sustenta a alma em sua jornada, oferecendo o apoio e o acolhimento necessários para superar os desafios e perseverar no caminho do despertar.

Invocar a presença de Barbelo e da Mãe Suprema durante as práticas de meditação, contemplação e expansão da percepção intensifica a nossa conexão com a energia divina e facilita o processo de despertar da consciência superior. Buscar sua orientação intuitiva, abrir-se para receber sua luz e sabedoria, e confiar em seu amor incondicional, tornam-se passos essenciais na jornada gnóstica rumo à plena realização espiritual. O despertar da consciência superior não é um evento isolado, mas sim um processo contínuo de crescimento, transformação e expansão da percepção, guiado pela luz e pelo amor do divino feminino, personificados em Barbelo e na Mãe Suprema. É uma jornada de retorno à nossa verdadeira natureza divina, um despertar para a realidade transcendente que sempre esteve presente, aguardando ser reconhecida e experienciada em sua plenitude.

Capítulo 21
Dúvidas e Desafios

A experiência da jornada espiritual revela-se como um intrincado processo de transformação interior, no qual o buscador, impulsionado pelo anseio de transcendência, se depara com desafios que testam sua força e sua fé. Longe de ser um percurso retilíneo e previsível, essa caminhada assume a forma de um ciclo contínuo de descobertas, aprendizados e superações, exigindo do praticante uma postura resiliente diante das inevitáveis dúvidas e dificuldades que surgem ao longo do caminho. O despertar da consciência superior, objetivo essencial da busca gnóstica, não ocorre instantaneamente, mas sim por meio de um refinamento gradual do ser, no qual cada obstáculo enfrentado representa uma oportunidade de aprofundamento e evolução espiritual. A natureza cíclica desse processo reflete a própria dinâmica da existência, na qual momentos de clareza e compreensão se alternam com períodos de incerteza e provação, exigindo do indivíduo não apenas conhecimento, mas também coragem e entrega para prosseguir adiante.

O caminho gnóstico, por sua essência, convida o buscador a confrontar aspectos profundos de sua própria natureza, desafiando condicionamentos enraizados, crenças limitantes e ilusões do ego que obscurecem sua percepção da realidade divina. Nesse cenário, as dificuldades que surgem não devem ser interpretadas como sinais de fracasso ou como evidências de que o percurso espiritual foi comprometido, mas sim como instrumentos de lapidação da alma, removendo camadas de ignorância e revelando a luz oculta no interior do ser. Muitas vezes, os desafios externos refletem conflitos internos ainda não resolvidos, funcionando como espelhos que permitem ao praticante enxergar com maior clareza suas próprias sombras e limitações. Somente ao acolher essas experiências com humildade e discernimento, reconhecendo que fazem parte do processo de ascensão espiritual, torna-se possível avançar de maneira mais consciente e profunda na jornada em direção ao Pleroma.

Nesse contexto, a aceitação das incertezas e dos desafios como elementos naturais do crescimento espiritual torna-se um fator decisivo para sustentar a motivação e a perseverança ao longo do caminho. Aquele que compreende que o processo de despertar envolve tanto momentos de iluminação quanto períodos de provação estará mais preparado para enfrentar as dificuldades sem sucumbir ao desânimo ou à dúvida paralisante. A busca gnóstica, portanto, exige mais do que um simples acúmulo de conhecimento ou a repetição mecânica de práticas espirituais; requer uma postura interior fundamentada na confiança, na entrega e na disposição para transcender os próprios limites. Dessa forma, os desafios se transformam em aliados do crescimento, conduzindo o praticante a níveis mais elevados de consciência e fortalecendo sua conexão com o divino, até que sua essência resplandeça plenamente na luz do despertar.

Entre os obstáculos mais comuns que surgem na jornada espiritual gnóstica, as dúvidas ocupam um lugar de destaque. Dúvidas podem surgir em relação à validade do caminho escolhido, à autenticidade da experiência espiritual, à existência do Pleroma, à natureza de Barbelo e da Mãe Suprema, e até mesmo em relação à própria capacidade de alcançar o despertar. Estas dúvidas, muitas vezes alimentadas pela mente racional e pela influência cética do mundo material, podem gerar insegurança, confusão e desânimo, minando a confiança na prática espiritual e obscurecendo a visão do objetivo último.

As distrações, tanto internas quanto externas, representam outro desafio constante na jornada gnóstica. O mundo material, com seus apelos sensoriais, suas demandas cotidianas e sua cultura da agitação e do consumo, compete incessantemente pela nossa atenção, desviando-nos do foco interior e da busca espiritual. A mente, por sua vez, com seu diálogo interno incessante, seus pensamentos intrusivos e suas divagações sem fim, também se torna uma fonte de distração, dificultando a aquietar-se, a concentrar-se e a mergulhar na prática meditativa e contemplativa.

A resistência interna, manifestando-se sob diversas formas como procrastinação, medo, autossabotagem e apego a padrões de comportamento limitantes, constitui um obstáculo sutil e poderoso na jornada espiritual. A mente egoica, apegada à sua zona de conforto e temerosa da mudança e da transformação, frequentemente opõe resistência ao movimento em direção ao despertar da consciência, utilizando estratégias de evasão, justificação e negação para manter o status quo. Superar a resistência interna demanda autoconsciência, honestidade consigo mesmo, vontade de confrontar as próprias sombras e um compromisso firme com o crescimento espiritual.

O turbilhão emocional, com o aflorar de emoções negativas como medo, raiva, tristeza, ansiedade e culpa, pode surgir como um obstáculo inesperado durante a prática espiritual. Ao mergulharmos em nosso interior, ao acessarmos camadas mais profundas da consciência, podemos nos deparar com emoções reprimidas, traumas não resolvidos e padrões emocionais disfuncionais que necessitam ser reconhecidos, compreendidos e integrados. Lidar com o turbilhão emocional demanda coragem, autocompaixão e a disposição de enfrentar as próprias sombras com abertura e aceitação.

Os platôs, momentos em que sentimos que a prática espiritual estagnou, que não estamos progredindo ou que a experiência espiritual perdeu o frescor e a intensidade iniciais, representam outro desafio comum na jornada gnóstica. Estes platôs podem gerar frustração, desmotivação e a tentação de abandonar a prática espiritual, interpretando a aparente estagnação como um sinal de que o caminho não está funcionando ou de que não somos capazes de progredir. Superar os platôs demanda paciência, confiança no processo, disposição para variar as práticas, buscar orientação e manter a chama da busca espiritual acesa, mesmo em momentos de aparente aridez.

Estratégias para Superar Obstáculos na Jornada Espiritual:

Lidando com as Dúvidas: Reconheça e Acolha as Dúvidas: Não reprima ou ignore as suas dúvidas, mas reconheça sua presença e acolha-as como parte natural do processo de questionamento e busca espiritual. As dúvidas podem ser valiosas ferramentas de discernimento, incitando-nos a investigar mais profundamente, a buscar respostas e a refinar a nossa compreensão.

Busque Sabedoria Gnóstica: Retorne aos textos gnósticos, à sabedoria ancestral e aos ensinamentos de Barbelo e da Mãe Suprema. Leia, estude, reflita sobre as escrituras gnósticas, buscando insights, orientações e respostas para as suas dúvidas.

Reflita sobre sua Experiência Pessoal: Conecte-se com sua própria experiência espiritual. Relembre momentos de clareza, de inspiração, de conexão e de transformação que você vivenciou na prática gnóstica. Confie na autenticidade da sua experiência pessoal como um guia válido na jornada espiritual.

Confie na Intuição: Desenvolva sua intuição e aprenda a escutar a voz interior da sua alma. A intuição, muitas vezes, oferece respostas que transcendem a lógica racional e que ressoam com a verdade essencial do seu ser. Confie na orientação da sua intuição para discernir o caminho e dissipar as dúvidas.

Superando as Distrações:

Pratique a Atenção Plena (Mindfulness): Cultive a atenção plena em todos os momentos do dia a dia, observando os seus pensamentos, emoções e sensações corporais sem julgamento ou apego. A prática da atenção plena fortalece a capacidade de concentração e auxilia a mente a se manter presente no momento, diminuindo o poder das distrações.

Retorne Gentilmente o Foco: Quando perceber que sua mente se distraiu durante a prática meditativa ou contemplativa, reconheça a distração com gentileza, sem se julgar ou se criticar, e retorne suavemente o foco da sua atenção para o objeto da prática (respiração, mantra, visualização, etc.). A paciência e a persistência são fundamentais neste processo.

Crie um Espaço e Tempo Dedicados: Reserve um espaço físico tranquilo e silencioso e um tempo regular em sua rotina diária dedicados exclusivamente à prática espiritual. Este ambiente e horário sagrados auxiliam a mente a se preparar para a prática e a minimizar as distrações externas.

Lidando com a Resistência Interna:

Pratique a Autocompaixão: Reconheça sua resistência interna com autocompaixão e gentileza. Compreenda que a resistência é uma parte natural do processo de mudança e transformação, e não se julgue ou se critique por sentir resistência. Trate-se com a mesma bondade e compreensão que você dedicaria a um amigo querido que estivesse enfrentando dificuldades.

Compreenda as Raízes da Resistência: Explore as possíveis causas da sua resistência interna. Quais medos, crenças limitantes ou padrões de comportamento estão por trás da resistência? Compreender as raízes da resistência permite abordá-la de forma mais consciente e eficaz.

Comece Pequeno e Gradualmente: Não tente mudar tudo de uma vez. Comece com pequenas metas e práticas espirituais de curta duração, aumentando gradualmente a intensidade e a duração da prática à medida que a resistência diminui e a motivação aumenta. Celebre cada pequena vitória e cada passo no caminho.

Integrando o Turbilhão Emocional:

Aceitação e Observação: Quando emoções negativas surgirem durante a prática espiritual, não as reprima ou as ignore, mas aceite sua presença e observe-as com curiosidade e gentileza, como um observador imparcial. Permita que as emoções se manifestem plenamente, sem se identificar com elas ou se deixar levar pelo seu fluxo.

Processamento Emocional Consciente: Utilize a prática espiritual como um espaço seguro para processar as emoções negativas de forma consciente e construtiva. Permita-se sentir as emoções plenamente, respirando profundamente, acolhendo a dor e buscando compreender as mensagens e os aprendizados que as emoções trazem consigo.

Busque Apoio (se Necessário): Se o turbilhão emocional for intenso ou difícil de lidar sozinho, busque apoio de um terapeuta, conselheiro espiritual ou grupo de apoio que possa oferecer orientação, suporte e ferramentas para o processamento emocional saudável.

Superando os Platôs:

Paciência e Confiança no Processo: Reconheça que os platôs são uma fase natural da jornada espiritual, e não interprete a aparente estagnação como um sinal de fracasso. Confie no processo, mantenha a prática regular e perseverante, e tenha paciência, sabendo que o crescimento espiritual muitas vezes ocorre de forma sutil e gradual, mesmo quando não percebemos mudanças imediatas.

Varie as Práticas: Experimente variar as suas práticas espirituais. Explore diferentes técnicas de meditação, contemplação, oração, visualização ou outras práticas gnósticas que ressoem com você. A variedade pode trazer um novo frescor à prática e estimular o crescimento espiritual.

Busque Orientação e Inspiração: Retorne aos textos gnósticos em busca de nova inspiração e insights. Busque orientação em livros, palestras, comunidades espirituais ou mentores que possam oferecer perspectivas frescas e encorajamento para superar o platô.

Importância da Perseverança, Paciência e Autocompaixão:

A perseverança, a paciência e a autocompaixão emergem como qualidades essenciais para sustentar a jornada espiritual gnóstica a longo prazo e para superar os inevitáveis obstáculos que surgem no caminho. A perseverança impulsiona a manter a prática regular e constante, mesmo diante dos desafios e da aparente falta de resultados imediatos. A paciência permite confiar no processo, compreender que o despertar espiritual se desenvolve em seu próprio tempo e ritmo, e não se frustrar com a lentidão ou a aparente estagnação. A autocompaixão suaviza a jornada, permitindo tratar-se com bondade e compreensão diante das dificuldades, reconhecendo a humanidade e a imperfeição como partes integrantes do caminho espiritual.

Lembre-se sempre: os obstáculos na jornada espiritual não são o fim do caminho, mas sim convites a aprofundar sua prática, a fortalecer sua fé e a expandir sua consciência. Com perseverança, paciência, autocompaixão e a orientação luminosa de Barbelo e da Mãe Suprema, você pode superar qualquer desafio e seguir adiante na jornada de despertar e retorno ao Pleroma. A cada obstáculo transposto, a alma se fortalece, a consciência se expande e a luz divina brilha com mais intensidade em seu interior. Persista na busca, confie no caminho e abrace a jornada com coragem e esperança.

Capítulo 22
Vivendo os Princípios no Mundo Material

A vivência da espiritualidade gnóstica transcende os momentos dedicados à meditação, à oração e ao estudo das escrituras sagradas, manifestando-se em cada pensamento, atitude e decisão no mundo material. A verdadeira realização espiritual não se limita ao plano abstrato das ideias ou ao êxtase místico, mas se revela na capacidade de conduzir a existência cotidiana com consciência desperta, amor e discernimento. A busca pelo retorno ao Pleroma não implica em uma fuga da realidade terrena, mas na transformação dessa realidade por meio da incorporação dos princípios gnósticos em todas as áreas da vida. Nesse sentido, o caminho espiritual exige um compromisso constante de integrar os valores da verdade, da compaixão e da justiça em nossas relações, escolhas e interações, permitindo que a luz divina resplandeça no mundo material por meio de nossas ações.

Essa integração não ocorre de forma automática, mas demanda esforço, disciplina e uma intenção consciente de transmutar a rotina diária em um campo de prática espiritual. Muitas vezes, a sociedade materialista impõe desafios à vivência dos princípios gnósticos, estimulando a superficialidade, o individualismo e a busca incessante por prazeres efêmeros. Diante desse cenário, o praticante gnóstico é chamado a cultivar um estado de presença e discernimento, discernindo entre as ilusões do mundo sensível e a realidade divina que se oculta por trás das aparências. O desafio consiste em equilibrar a vida espiritual e as demandas do cotidiano sem se perder nas distrações do mundo ou cair na armadilha de uma espiritualidade desconectada da realidade. Esse equilíbrio exige um compromisso diário de agir com autenticidade, expressando, na prática, a sabedoria adquirida por meio da jornada interior.

Ao vivenciar os ensinamentos gnósticos no mundo material, o buscador se torna um agente de transformação, irradiando luz e consciência em seu ambiente e inspirando aqueles ao seu redor. Pequenos gestos de compaixão, atitudes baseadas na verdade e escolhas pautadas na justiça são expressões concretas do despertar espiritual, permitindo que a presença do divino se manifeste no cotidiano. A verdadeira espiritualidade não se restringe aos momentos de recolhimento, mas se reflete na forma como interagimos com os outros, enfrentamos desafios e conduzimos nossa existência com integridade. Assim, o caminho gnóstico não é apenas um percurso de ascensão individual, mas uma jornada de contribuição para a elevação da consciência coletiva, tornando o mundo um reflexo mais fiel da luz do Pleroma.

Aplicar os princípios e a sabedoria gnóstica na vida cotidiana demanda um esforço consciente e contínuo de trazer a nossa prática espiritual para o centro da nossa experiência diária. Não se trata de viver em um estado de êxtase místico constante ou de abandonar as responsabilidades do mundo material, mas sim de cultivar uma presença atenta, uma intenção compassiva e uma conduta ética em todas as nossas interações e decisões. A integração da sabedoria gnóstica no dia a dia transforma a nossa vida em um laboratório espiritual, onde aprendemos a aplicar os ensinamentos do gnosticismo em situações reais, testando a nossa compreensão e aprofundando a nossa transformação interior.

Aplicando a Sabedoria Gnóstica em Áreas Chave da Vida:

Relacionamentos:

Compaixão e Empatia: Nos relacionamentos com os outros, procure cultivar a compaixão e a empatia, reconhecendo a centelha divina presente em cada ser humano, mesmo naqueles que nos desafiam ou nos magoam. Procure compreender as perspectivas dos outros, colocar-se em seu lugar e responder com bondade e consideração, em vez de julgamento ou crítica.

Verdade e Honestidade: Busque a verdade e a honestidade em seus relacionamentos, tanto na comunicação com os outros quanto na relação consigo mesmo. Seja autêntico e transparente em suas expressões, evitando a manipulação, a falsidade e a hipocrisia. Cultive a sinceridade e a integridade em todas as suas interações.

Perdão e Reconciliação: Em momentos de conflito ou desentendimento, busque o perdão e a reconciliação, liberando ressentimentos e mágoas que possam envenenar os relacionamentos. Procure o diálogo aberto e honesto, buscando a compreensão mútua e a resolução pacífica dos conflitos. O perdão não significa concordar com o erro do outro, mas sim libertar-se do fardo do ressentimento e abrir espaço para a cura e a renovação do relacionamento.

Amor Incondicional: Esforce-se para cultivar o amor incondicional em seus relacionamentos, aceitando os outros como eles são, com suas qualidades e imperfeições, sem expectativas irrealistas ou julgamentos severos. O amor incondicional não é um sentimento romântico idealizado, mas sim uma atitude de benevolência, aceitação e compaixão que se estende a todos os seres, incluindo a nós mesmos.

Trabalho e Carreira:

Propósito e Significado: Procure encontrar propósito e significado em seu trabalho e carreira, além da mera busca por sustento material ou reconhecimento social. Busque atividades que ressoem com seus valores espirituais, que contribuam para o bem-estar dos outros e que expressem seu potencial criativo e seus talentos únicos.

Ética e Integridade: Mantenha uma conduta ética e íntegra em seu trabalho e carreira, evitando a desonestidade, a exploração e a competição predatória. Busque a justiça, a equidade e a transparência em todas as suas ações e decisões profissionais. Lembre-se que seu trabalho é uma extensão da sua prática espiritual, uma oportunidade de manifestar os valores gnósticos no mundo material.

Presença e Atenção Plena: Pratique a presença e a atenção plena em seu trabalho, concentrando-se na tarefa presente, evitando a dispersão mental e o multitasking excessivo. Esteja consciente de suas ações, de suas palavras e de suas intenções no ambiente de trabalho, buscando agir com responsabilidade, eficiência e compaixão.

Serviço e Contribuição: Veja seu trabalho como uma oportunidade de serviço e contribuição para a sociedade e para o bem comum. Procure utilizar seus talentos e habilidades para beneficiar os outros, para criar valor e para tornar o mundo um lugar melhor. O serviço desinteressado é uma expressão do amor divino e um caminho para a realização espiritual no mundo material.

Tomada de Decisões e Resolução de Problemas:

Intuição e Sabedoria Interior: Em momentos de tomada de decisões e resolução de problemas, busque a orientação da sua intuição e da sua sabedoria interior, além da mera análise racional e da lógica linear. Aquiete a mente, conecte-se com seu coração e permita que a intuição guie as suas escolhas e as suas ações.

Discernimento e Clareza: Cultive o discernimento e a clareza mental para avaliar as situações e tomar decisões de forma consciente e responsável. Analise as informações disponíveis, considere as diferentes perspectivas, e busque a verdade e a justiça em suas decisões. Evite decisões impulsivas ou baseadas em emoções negativas, buscando agir com sabedoria e discernimento.

Alinhamento com Valores Espirituais: Verifique se as suas decisões estão alinhadas com seus valores espirituais e com os princípios gnósticos de amor, verdade, compaixão e justiça. Pergunte-se: "Esta decisão está em harmonia com a minha busca espiritual? Ela contribui para o bem-estar dos outros? Ela expressa a luz divina em minha vida?".

Conduta Moral e Ética no Mundo Material:

Verdade e Autenticidade: Viva com verdade e autenticidade em todas as áreas da sua vida. Seja fiel a si mesmo, expresse os seus valores e crenças de forma genuína e consistente, e evite a hipocrisia e a falsidade. A verdade é um valor fundamental no gnosticismo, e viver com autenticidade é uma forma de honrar a própria essência divina.

Justiça e Equidade: Busque a justiça e a equidade em suas ações e em suas relações com os outros. Lute contra a injustiça, a opressão e a discriminação, e defenda os direitos dos mais vulneráveis e marginalizados. A justiça social é uma expressão do amor divino e um caminho para a manifestação do Pleroma no mundo material.

Compaixão e Serviço: Cultive a compaixão e o serviço ao próximo como expressões do amor divino. Procure oportunidades de ajudar os outros, de aliviar o sofrimento, de oferecer apoio e de contribuir para o bem-estar da comunidade humana e do planeta. O serviço desinteressado é um caminho poderoso para a transformação pessoal e social, manifestando a luz divina no mundo.

Responsabilidade e Consciência Ecológica: Viva com responsabilidade e consciência ecológica, reconhecendo a interconexão de todos os seres vivos e a importância de cuidar do planeta Terra, nosso lar comum. Adote práticas sustentáveis em seu dia a dia, reduzindo o consumo, reciclando, preservando a natureza e defendendo o meio ambiente. A consciência ecológica é uma expressão da sabedoria gnóstica e um caminho para a harmonia com a criação.

Exemplos Práticos de Integração da Espiritualidade Gnóstica no Dia a Dia:

Iniciar o dia com Meditação e Intenção: Comece o dia com alguns minutos de meditação silenciosa, conectando-se com a luz divina e formulando a intenção de viver o dia de acordo com os princípios gnósticos.

Praticar a Atenção Plena nas Atividades Cotidianas: Esteja presente e consciente em todas as atividades do dia a dia, desde tomar o café da manhã até realizar tarefas no trabalho ou interagir com as pessoas. A atenção plena transforma as atividades cotidianas em momentos de prática espiritual.

Fazer Pausas Conscientes ao Longo do Dia: Reserve alguns momentos ao longo do dia para fazer pausas conscientes, respirar profundamente, reconectar-se com seu centro interior e lembrar-se da sua intenção espiritual.

Refletir sobre as Ações e Decisões: Ao final do dia, reserve alguns minutos para refletir sobre as suas ações e decisões, avaliando se elas estiveram alinhadas com os princípios gnósticos e identificando áreas onde você pode melhorar e crescer.

Buscar a Beleza e a Presença Divina na Natureza: Conecte-se com a natureza regularmente, observando a beleza das paisagens, sentindo a energia dos elementos e reconhecendo a presença divina em todas as formas de vida. A natureza é um portal para a experiência espiritual e um lembrete constante da interconexão de tudo.

Viver a sabedoria gnóstica no dia a dia é um desafio constante, mas também uma fonte de profunda realização e transformação. Ao integrarmos os princípios gnósticos em todas as áreas da nossa vida, tornamo-nos agentes de luz e de mudança no mundo material, manifestando a presença divina em cada ação, palavra e intenção. A jornada gnóstica não é apenas um caminho de retorno ao Pleroma, mas também um caminho de transformação do mundo, inspirado pela sabedoria, o amor e o poder de Barbelo e da Mãe Suprema. Permitir que a luz divina guie a nossa vida cotidiana é a mais autêntica e poderosa expressão da nossa busca espiritual.

Capítulo 23
Honrando o Divino Feminino

Honrar o Divino Feminino é reconhecer e celebrar a presença sagrada da Mãe Suprema em todas as manifestações da existência, desde a criação do cosmos até as sutilezas do mundo interior. No gnosticismo, essa reverência transcende a mera adoração simbólica, tornando-se um processo profundo de reconexão com a fonte primordial da luz e da sabedoria. O Divino Feminino é a matriz da existência, a essência amorosa que nutre e sustenta todas as coisas, refletindo-se nos ciclos da natureza, na intuição e na capacidade de gerar transformação e renovação. Ao estabelecer uma relação consciente com essa energia, o buscador gnóstico não apenas se harmoniza com os princípios superiores do Pleroma, mas também desperta em si mesmo a força e a compaixão necessárias para sua jornada espiritual.

A importância de integrar essa conexão ao cotidiano vai além do reconhecimento intelectual; trata-se de vivenciar, em cada pensamento e ação, os valores do amor incondicional, da sabedoria intuitiva e da criação consciente. Honrar o Divino Feminino implica em cultivar a sensibilidade e a percepção espiritual, permitindo que a luz da Mãe Suprema guie a busca pelo autoconhecimento e pela libertação das ilusões do mundo material. Esse processo pode se manifestar de diversas formas, seja por meio da contemplação da natureza, da introspecção profunda ou de práticas simbólicas que reforcem a ligação com essa energia primordial. Independentemente do método adotado, o essencial é que essa conexão seja genuína, conduzida pelo coração e pela intenção sincera de integrar a luz divina à experiência terrena.

Dessa maneira, explorar formas de celebrar o Divino Feminino dentro da tradição gnóstica não se trata de criar estruturas rígidas ou dogmáticas, mas de permitir que a espiritualidade flua com autenticidade e significado. O ato de honrar Barbelo, a Mãe Suprema e os aspectos femininos do Pleroma fortalece a consciência do buscador, ampliando sua capacidade de compreender a interconexão entre o divino e o mundo material. Assim, ao incorporar essa reverência na jornada espiritual, o praticante gnóstico abre espaço para que a sabedoria da luz se manifeste plenamente, guiando sua ascensão e transformação interior.

A adaptação de rituais e cerimônias gnósticas para a prática contemporânea requer sensibilidade, discernimento e respeito pela essência do gnosticismo ancestral. Não se trata de replicar rituais históricos obscuros ou de criar liturgias dogmáticas e inflexíveis, mas sim de resgatar o espírito simbólico e a intenção profunda por trás dos rituais, reformulando-os de maneira criativa e autêntica para as necessidades e a sensibilidade do buscador espiritual moderno. A chave reside na intenção genuína de honrar o Divino Feminino e o Pleroma, utilizando o ritual como uma ferramenta para expressar a devoção, a gratidão, o anseio espiritual e a busca por conexão com o transcendente.

Explorando a Adaptação de Rituais Gnósticos:

Ao adaptarmos rituais gnósticos, podemos inspirar-nos em diversas fontes, sempre mantendo a coerência com os princípios e valores do gnosticismo. Podemos considerar:

Textos Gnósticos como Inspiração: Embora não contenham rituais literais, os textos gnósticos oferecem ricas imagens simbólicas, invocações poéticas e descrições de experiências místicas que podem inspirar elementos rituais. Passagens que exaltam a luz, a sabedoria, o amor, a Mãe Suprema, Barbelo e o Pleroma podem ser incorporadas em orações, leituras ou visualizações durante o ritual.

Simbolismo Gnóstico: Utilizar símbolos gnósticos como a cruz gnóstica, a serpente Ouroboros, a chama da Gnosis ou representações de Barbelo e outros Aeons pode enriquecer o ritual, evocando a linguagem arquetípica e a energia simbólica da tradição gnóstica. A escolha dos símbolos deve ser feita com discernimento, compreendendo seu significado profundo e seu poder evocativo.

Elementos da Natureza: Incorporar elementos da natureza, como velas, incenso, flores, água, cristais ou ervas, pode criar um ambiente sagrado e facilitar a conexão com a energia da Terra e do cosmos. Estes elementos podem ser utilizados como oferendas simbólicas, como ferramentas de purificação ou como representações da beleza e da abundância da criação divina.

Música e Canto: Utilizar música e cantos que elevem a alma, que inspirem a devoção e que ressoem com a busca espiritual pode criar uma atmosfera propícia para o ritual. Músicas meditativas, mantras gnósticos adaptados ou cantos devocionais que honrem o Divino Feminino podem ser incorporados à cerimônia.

Movimento e Expressão Corporal: Incorporar movimentos suaves, gestos simbólicos ou danças meditativas pode enriquecer o ritual, expressando a devoção e o anseio espiritual através do corpo. Gestos de reverência, posturas meditativas ou movimentos fluidos que representem a energia da luz ou do amor podem ser utilizados.

Sugestões de Rituais Gnósticos Adaptados para Honrar a Mãe Suprema e Barbelo:

Ritual da Luz de Barbelo:

Este ritual simples visa invocar a luz de Barbelo para iluminar o caminho espiritual e fortalecer a conexão com o Divino Feminino.

Preparação: Crie um espaço sagrado tranquilo e silencioso. Prepare um altar simples com uma vela branca ou dourada (representando a luz de Barbelo), um cristal de quartzo branco (simbolizando a pureza) e uma imagem ou símbolo de Barbelo (se desejar).

Centramento: Sente-se confortavelmente diante do altar e respire profundamente algumas vezes, aquietando a mente e centrando sua atenção no momento presente.

Invocação: Acenda a vela, visualizando a chama como a luz radiante de Barbelo. Pronuncie uma invocação pessoal a Barbelo, expressando seu anseio por sua luz, sabedoria e guia. Você pode utilizar uma invocação inspirada nos exemplos do capítulo anterior ou criar sua própria.

Meditação da Luz: Medite em silêncio, contemplando a chama da vela e visualizando a luz de Barbelo envolvendo você, iluminando seu caminho espiritual e dissipando as trevas da ignorância. Permaneça neste estado de contemplação por alguns minutos, permitindo que a luz de Barbelo o preencha e o transforme.

Oferenda Simbólica: Faça uma oferenda simbólica a Barbelo, como uma flor, um cristal, uma pena, uma gota de óleo essencial ou qualquer objeto que ressoe com sua devoção. Ofereça este presente com gratidão e amor, reconhecendo a generosidade e a bondade de Barbelo.

Agradecimento e Encerramento: Agradeça a Barbelo pela sua presença e pela sua luz. Apague a vela com reverência e encerre o ritual, levando consigo a sensação de paz, luz e conexão espiritual.

Cerimônia de Honra à Mãe Suprema:

Esta cerimônia visa honrar a Mãe Suprema como a Fonte de todo o Divino Feminino e expressar gratidão pela sua matriz cósmica e seu amor incondicional.

Preparação: Crie um espaço sagrado dedicado à Mãe Suprema. Prepare um altar com um tecido azul ou púrpura (cores associadas ao Divino Feminino), flores (especialmente rosas ou lírios), um recipiente com água (simbolizando a matriz cósmica) e incenso de rosas ou sândalo.

Purificação: Purifique o espaço e a si mesmo utilizando fumaça de incenso ou água com sal, visualizando a limpeza de energias negativas e a criação de um ambiente sagrado.

Invocação: Pronuncie uma invocação à Mãe Suprema, expressando seu amor, sua gratidão e seu anseio por sua presença. Você pode utilizar uma invocação inspirada nos textos gnósticos ou criar sua própria, honrando os atributos da Mãe Suprema como a Fonte, a Matriz, a Sabedoria e o Amor Divino.

Oferendas e Preces: Ofereça flores, água ou outros presentes simbólicos ao altar da Mãe Suprema, expressando sua devoção e sua gratidão. Você pode também recitar orações, mantras ou poemas dedicados à Mãe Suprema, abrindo seu coração para sua energia amorosa e compassiva.

Meditação do Coração: Sente-se em silêncio diante do altar e medite em seu coração, visualizando-o se abrindo como uma flor para receber o amor incondicional da Mãe Suprema. Permaneça neste estado de receptividade por alguns minutos, permitindo que a energia da Mãe Suprema o envolva e o nutra.

Encerramento e Partilha (Opcional): Agradeça à Mãe Suprema pela sua presença e pelo seu amor. Encerre a cerimônia e, se desejar, partilhe a água benta ou as flores com outras pessoas presentes, distribuindo as bênçãos da Mãe Suprema.

Ritual de Gratidão ao Pleroma:

Este ritual visa expressar gratidão ao Pleroma, o reino da luz e da perfeição, e conectar-se com a harmonia e a beleza do universo divino.

Preparação: Crie um espaço tranquilo e inspirador, preferencialmente ao ar livre, sob o céu estrelado ou em um local com vista ampla. Prepare um pequeno altar com elementos que representem o Pleroma, como cristais transparentes (simbolizando a luz), cores vibrantes (como azul, dourado e branco) e símbolos gnósticos.

Contemplação do Céu: Volte seu olhar para o céu, contemplando as estrelas, o sol, a lua ou a vastidão do espaço. Deixe-se inspirar pela beleza e pela ordem do cosmos, reconhecendo a manifestação do Pleroma na criação.

Invocação ao Pleroma: Pronuncie uma invocação ao Pleroma, expressando sua admiração, sua reverência e sua gratidão pela sua existência e pela sua influência benéfica no universo. Você pode criar sua própria invocação, honrando os Aeons, a Fonte Primordial e a harmonia cósmica.

Oferenda de Luz: Acenda velas ou utilize lanternas para criar um círculo de luz ao seu redor, simbolizando a irradiação luminosa do Pleroma. Ofereça esta luz como um gesto de gratidão e de conexão com o reino divino.

Silêncio e Contemplação: Permaneça em silêncio e contemplação, deixando-se envolver pela atmosfera sagrada do ritual e pela sensação de conexão com o Pleroma. Permita que sua mente se aquiete e que sua alma se expanda em direção à vastidão do universo divino.

Agradecimento e Encerramento: Agradeça ao Pleroma pela sua beleza, pela sua harmonia e pela sua luz. Encerre o ritual, levando consigo a sensação de paz, reverência e conexão cósmica.

A importância do ritual como forma de conexão simbólica e expressiva com o divino reside na sua capacidade de envolver a totalidade do ser, não apenas a mente racional, mas também o corpo, as emoções e a intuição. O ritual utiliza a linguagem dos símbolos, dos gestos, dos sons e das imagens para comunicar-se com as camadas mais profundas da consciência, despertando emoções, evocando arquétipos e facilitando a experiência do transcendente. O ritual gnóstico adaptado, praticado com intenção genuína e devoção sincera, pode se tornar um caminho poderoso para honrar o Divino Feminino, conectar-se com o Pleroma e aprofundar a jornada espiritual. Lembre-se que a chave não reside na forma externa do ritual, mas sim na intenção, no significado pessoal e na energia devocional que são investidos na prática.

Capítulo 24
A Comunidade Gnóstica

A busca gnóstica, apesar de ser um caminho profundamente individual e voltado para a experiência interior, encontra na comunidade um solo fértil para crescimento, aprendizado e apoio mútuo. O gnosticismo, desde suas raízes antigas, sempre foi transmitido por meio de círculos de buscadores, grupos que compartilhavam conhecimentos, práticas e compreensões sobre a jornada para a Gnosis. A experiência de conectar-se com outros que trilham o mesmo caminho não apenas fortalece a motivação pessoal, mas também proporciona novas perspectivas e oportunidades de desenvolvimento espiritual. Ao longo da história, muitas tradições místicas floresceram dentro de comunidades, onde os indivíduos puderam explorar os mistérios divinos sem o peso do isolamento, encontrando eco para suas descobertas e espaço para suas dúvidas. Assim, mesmo que a busca pela Gnosis seja uma experiência única para cada ser, a comunhão com outros buscadores pode potencializar e enriquecer essa trajetória.

A formação e a participação em uma comunidade gnóstica oferecem um ambiente de acolhimento para aqueles que frequentemente se sentem deslocados dentro das estruturas religiosas convencionais. A espiritualidade gnóstica, ao enfatizar a experiência direta do divino e a jornada do autoconhecimento, muitas vezes se afasta das crenças predominantes e das doutrinas institucionalizadas, o que pode gerar um sentimento de solidão para o buscador. No entanto, ao encontrar um espaço onde há compartilhamento de ideias, reflexões e práticas, esse isolamento se dissolve, permitindo um fortalecimento da fé, da perseverança e da compreensão espiritual. Mais do que um agrupamento de indivíduos interessados em um mesmo tema, a comunidade gnóstica se torna um organismo vivo, onde cada membro contribui com sua experiência, suas descobertas e seus desafios, enriquecendo a caminhada de todos.

A construção de uma comunidade gnóstica saudável e vibrante não se baseia em hierarquias rígidas ou dogmas inflexíveis, mas sim na liberdade de pensamento, no respeito às diferentes interpretações e na valorização da experiência pessoal de cada buscador. A verdadeira riqueza de uma comunidade espiritual reside na diversidade de suas vozes e na disposição para aprender uns com os outros, sem imposições ou julgamentos. Dessa forma, ao estabelecer laços com outros gnósticos, seja em encontros presenciais ou em grupos virtuais, cria-se um espaço sagrado onde a busca pela Gnosis se torna um ato compartilhado, reforçado pela presença e pelo apoio daqueles que trilham a mesma jornada. Assim, a comunidade se transforma em um refúgio e em uma fonte de inspiração, um local onde o conhecimento, a experiência e a luz podem ser trocados livremente, impulsionando cada buscador em sua ascensão rumo ao Pleroma.

A importância do apoio da comunidade espiritual na jornada gnóstica reside em diversos fatores. Primeiramente, a comunidade oferece um espaço de validação e compreensão para experiências e perspectivas que podem ser consideradas incomuns ou mesmo incompreendidas no contexto da cultura dominante. No gnosticismo, a busca pela Gnosis, a valorização da experiência mística pessoal e a visão não dualista da realidade podem ser desafiadoras de comunicar e compartilhar com aqueles que não estão familiarizados com esta tradição espiritual. Em uma comunidade gnóstica, encontramos outros buscadores que compartilham de uma visão de mundo semelhante, que compreendem a linguagem simbólica e arquetípica do gnosticismo e que validam a busca espiritual como um valor central na vida. Este senso de validação e compreensão mútua pode ser extremamente encorajador e fortalecedor, dissipando o sentimento de isolamento e confirmando que não estamos sozinhos em nossa jornada.

Em segundo lugar, a comunidade gnóstica proporciona um ambiente rico para o intercâmbio de conhecimentos, experiências e insights. Através da partilha de leituras, discussões, práticas meditativas conjuntas e relatos pessoais, podemos aprender com a sabedoria e a experiência de outros buscadores, ampliando a nossa compreensão do gnosticismo e enriquecendo a nossa própria prática espiritual. A diversidade de perspectivas e abordagens dentro da comunidade gnóstica pode ser um estímulo valioso para o crescimento, desafiando nossas próprias ideias preconcebidas, abrindo novos caminhos de exploração e enriquecendo a nossa visão da tradição gnóstica.

Em terceiro lugar, a comunidade gnóstica oferece um sistema de apoio emocional e prático que pode ser fundamental nos momentos desafiadores da jornada espiritual. Quando enfrentamos dúvidas, obstáculos, platôs ou crises pessoais, o apoio de outros buscadores que compreendem o caminho e que podem oferecer encorajamento, conselho e suporte prático pode ser inestimável. A comunidade gnóstica pode ser um porto seguro em momentos de turbulência, um espaço onde podemos encontrar refúgio, compartilhar as nossas dificuldades e receber o apoio necessário para perseverar e seguir adiante na jornada.

Sugestões de como Encontrar Comunidades Gnósticas (Online ou Presenciais) ou Grupos de Estudo:

Busca Online: A internet oferece uma vasta gama de recursos para encontrar comunidades gnósticas virtuais e grupos de estudo online.

Fóruns e Grupos de Discussão Online: Plataformas online como fóruns, grupos de discussão em redes sociais e websites dedicados ao gnosticismo podem ser excelentes locais para encontrar outros buscadores e comunidades virtuais. Procure por grupos e fóruns que se identifiquem com a tradição gnóstica que você busca (gnosticismo clássico, neognosticismo, etc.) e participe das discussões, compartilhando suas perguntas, experiências e insights.

Redes Sociais: Utilize as redes sociais, como Facebook, Instagram, ou outras plataformas, para buscar por grupos e páginas dedicadas ao gnosticismo e à espiritualidade gnóstica. Muitas comunidades gnósticas virtuais utilizam as redes sociais como espaço de encontro e interação.

Websites e Portais Gnósticos: Explore websites e portais dedicados ao gnosticismo, muitos dos quais possuem seções de fóruns, diretórios de grupos de estudo ou informações sobre comunidades gnósticas virtuais e presenciais.

Busca Presencial: Encontrar comunidades gnósticas presenciais pode demandar um pouco mais de pesquisa e investigação, mas pode ser extremamente enriquecedor para aqueles que buscam o contato pessoal e a interação direta.

Centros Espirituais e Grupos de Meditação: Verifique se centros espirituais, grupos de meditação, centros de yoga ou organizações de estudos religiosos em sua região oferecem atividades, palestras ou grupos de estudo relacionados ao gnosticismo ou à espiritualidade comparada. Mesmo que não sejam explicitamente gnósticos, estes locais podem atrair pessoas com interesses espirituais semelhantes e podem ser um ponto de partida para encontrar outros buscadores.

Universidades e Instituições Acadêmicas: Instituições acadêmicas que oferecem cursos ou programas de estudo em história das religiões, gnosticismo, misticismo ou filosofia antiga podem ser locais onde você pode encontrar pessoas com interesse em gnosticismo. Procure por eventos, palestras ou grupos de estudo ligados a estas áreas.

Livrarias Esotéricas e Centros de Estudos Esotéricos: Livrarias especializadas em esoterismo, misticismo e espiritualidade comparada, assim como centros de estudos esotéricos, podem ser locais onde você pode encontrar informações sobre grupos de estudo gnósticos presenciais ou pessoas com interesse em formar um grupo. Pergunte aos funcionários, consulte os murais de avisos ou participe de eventos promovidos por estes locais.

Iniciativa Pessoal: Criando um Grupo de Estudo: Se a busca por comunidades gnósticas presenciais em sua região não for bem-sucedida, considere a possibilidade de iniciar seu próprio grupo de estudo gnóstico. Comece com amigos, conhecidos ou pessoas que você encontrar online e que compartilham do seu interesse pelo gnosticismo. Organize encontros regulares para leitura e discussão de textos gnósticos, práticas meditativas conjuntas ou simplesmente para compartilhar experiências e reflexões sobre a jornada espiritual.

Benefícios de Compartilhar a Jornada em Comunidade:

Validação e Compreensão: Sentir-se validado e compreendido em sua busca espiritual por outros buscadores que compartilham de perspectivas semelhantes.

Intercâmbio de Conhecimentos e Experiências: Aprender com a sabedoria e a experiência de outros, ampliando a compreensão do gnosticismo e enriquecendo a prática pessoal.

Apoio Emocional e Prático: Receber apoio, encorajamento e suporte em momentos desafiadores da jornada espiritual.

Motivação e Inspiração: Sentir-se motivado e inspirado pela energia e pelo entusiasmo de outros buscadores.

Senso de Pertencimento: Experimentar um senso de pertencimento a uma comunidade espiritual que compartilha de valores e anseios semelhantes.

Crescimento Espiritual Acelerado: Beneficiar-se da sinergia e da energia coletiva do grupo para aprofundar a prática e acelerar o crescimento espiritual.

Respeito pela Diversidade e Individualidade na Comunidade Gnóstica:

É fundamental que a comunidade gnóstica, seja ela virtual ou real, seja um espaço de respeito pela diversidade de interpretações, práticas e experiências individuais. O gnosticismo, em sua essência, valoriza a busca pessoal pela Gnosis e a experiência direta do divino, reconhecendo a pluralidade de caminhos e a singularidade da jornada de cada buscador. Dentro da comunidade gnóstica, deve haver espaço para diferentes perspectivas teológicas, diferentes abordagens práticas e diferentes formas de expressar a espiritualidade gnóstica. O diálogo aberto, o respeito mútuo, a tolerância e a valorização da diversidade são qualidades essenciais para uma comunidade gnóstica saudável e enriquecedora. A comunidade gnóstica não deve se tornar um espaço de dogmatismo, proselitismo ou exclusão, mas sim um ambiente de aprendizado mútuo, apoio fraterno e celebração da jornada espiritual em suas múltiplas manifestações. A unidade na diversidade, a busca em conjunto e o respeito pela individualidade de cada buscador devem ser os pilares de uma comunidade gnóstica autêntica e vibrante.

Capítulo 25
Aprofundando a Conexão

A conexão espiritual com Barbelo e o Pleroma não se estabelece como um evento isolado ou uma experiência estática, mas como um fluxo contínuo de expansão da consciência e aprofundamento na essência divina. Cada passo dado nessa jornada representa não apenas um avanço, mas a revelação de novas camadas de conhecimento e percepção, conduzindo o buscador a uma compreensão cada vez mais refinada da sua natureza espiritual. O chamado para esse aprofundamento não é uma imposição externa, mas sim um anseio interno, um impulso da alma que reconhece sua origem na luz primordial e busca incessantemente retornar a ela. À medida que esse percurso se desenrola, torna-se evidente que a espiritualidade gnóstica não é um conjunto fixo de dogmas ou práticas rigidamente estabelecidas, mas um processo vivo, dinâmico e em constante transformação, moldado pela experiência direta do sagrado e pela evolução da consciência daquele que trilha esse caminho.

A progressão na conexão com Barbelo envolve a transcendência das limitações impostas pela mente condicionada e a abertura para estados mais elevados de percepção e compreensão. Diferente de um conhecimento puramente intelectual, a Gnosis não pode ser adquirida apenas pelo estudo dos textos sagrados ou pela memorização de conceitos filosóficos; ela se revela por meio da experiência direta, da entrega confiante ao mistério e da disposição para explorar dimensões mais sutis da existência. Esse aprofundamento demanda não apenas disciplina e perseverança, mas também flexibilidade e receptividade, pois cada etapa da jornada traz consigo desafios inesperados e insights transformadores. O verdadeiro buscador gnóstico compreende que não há um fim absoluto a ser atingido, pois cada revelação conduz a novas perguntas, cada iluminação descortina um horizonte ainda mais vasto, e cada integração do sagrado na vida cotidiana abre caminho para uma conexão ainda mais profunda com a Fonte Divina.

Ao aceitar essa jornada como um processo contínuo, o praticante gnóstico se alinha com a natureza cíclica e expansiva da existência espiritual. A conexão com Barbelo e o Pleroma não se limita a momentos específicos de meditação ou contemplação, mas se entrelaça com todos os aspectos da vida, moldando percepções, inspirando ações e nutrindo a alma com a luz do conhecimento divino. O aprofundamento desse vínculo não significa apenas buscar estados elevados de consciência, mas também permitir que essa luz ilumine os aspectos mais comuns da existência, trazendo clareza, propósito e harmonia ao cotidiano. Dessa forma, a prática espiritual se torna uma vivência integrada, onde cada experiência, desafio e descoberta são encarados como oportunidades de crescimento e expansão. O chamado final dessa jornada não é para um término, mas para um recomeço constante, onde cada passo dado abre portas para novos mistérios e cada despertar conduz a uma compreensão ainda mais profunda da essência divina que habita em cada ser.

Reconhecer a prática espiritual como um caminho contínuo de crescimento e aprofundamento implica em abandonar a ilusão de que existe um estado final de iluminação ou um ponto de chegada definitivo na jornada gnóstica. O Pleroma, o reino da perfeição e da plenitude, não é um destino geográfico a ser alcançado, mas sim uma dimensão da realidade que se manifesta progressivamente em nossa consciência à medida que aprofundamos a nossa conexão com a Fonte Divina. A jornada espiritual não é uma corrida para chegar a um ponto final, mas sim uma dança contínua entre a alma humana e o divino, uma espiral ascendente de aprendizado, transformação e expansão da consciência que se desenrola ao longo de toda a vida. A cada etapa da jornada, novos níveis de profundidade se revelam, novos horizontes se expandem e novos mistérios se apresentam, convidando-nos a seguir adiante com entusiasmo e perseverança.

As práticas espirituais gnósticas, como meditação, oração, contemplação, visualização e rituais adaptados, não são técnicas a serem dominadas e abandonadas, mas sim ferramentas valiosas a serem utilizadas e aprimoradas continuamente ao longo da jornada. Aprofundar a conexão com Barbelo implica em cultivar um relacionamento vivo e dinâmico com a primeira emanação da Mente Divina, explorando as múltiplas facetas de sua energia, sabedoria e amor, e buscando sua orientação intuitiva em todas as áreas da vida. Expandir a conexão com o Pleroma significa abrir-se cada vez mais para a realidade espiritual, transcendendo as limitações da percepção ordinária e permitindo que a luz divina ilumine e transforme a nossa consciência em sua totalidade.

O aprofundamento da prática espiritual gnóstica pode se manifestar de diversas formas. Pode envolver a exploração de novas técnicas meditativas, o aprimoramento das práticas de visualização e canalização da luz divina, a criação de orações e invocações cada vez mais pessoais e autênticas, a experimentação com rituais adaptados mais elaborados ou a busca por novas formas de expressão criativa inspiradas na sabedoria gnóstica. O aprofundamento pode também se manifestar no estudo contínuo dos textos gnósticos, na reflexão sobre os seus ensinamentos e na busca por uma compreensão cada vez mais profunda da cosmologia, da teologia e da ética gnósticas. O importante é manter a mente aberta, a curiosidade acesa e a intenção clara de seguir adiante na jornada, explorando novos caminhos e aprofundando a experiência espiritual.

A expansão da consciência, como resultado natural da prática espiritual contínua, representa uma transformação profunda e abrangente da nossa forma de perceber a realidade e de nos relacionarmos com o mundo. À medida que aprofundamos a nossa conexão com Barbelo e o Pleroma, a nossa percepção se torna mais sutil, mais intuitiva e mais abrangente, transcendendo as limitações da mente racional e dos sentidos físicos. A consciência desperta reconhece a interconexão de todos os seres, a presença da divindade em todas as manifestações da vida e a realidade espiritual que permeia o universo material. A expansão da consciência não é um evento isolado, mas sim um processo gradual e contínuo, que se desdobra ao longo da jornada espiritual, transformando a nossa visão de mundo, os nossos valores e a nossa forma de viver.

A abertura para novas descobertas e experiências espirituais ao longo da jornada constitui uma atitude fundamental para o buscador gnóstico. O caminho espiritual não é um roteiro predefinido ou um conjunto de dogmas inflexíveis, mas sim uma aventura de exploração e descoberta constante. Manter a mente aberta significa abandonar preconceitos, expectativas rígidas e crenças limitantes, permitindo que a experiência espiritual nos surpreenda e nos conduza a territórios desconhecidos. Estar aberto a novas experiências implica em abraçar a incerteza, acolher o mistério e confiar na sabedoria da intuição como guias na jornada. As descobertas espirituais podem surgir de maneiras inesperadas, em momentos de meditação profunda, em encontros significativos, em insights intuitivos ou em experiências cotidianas aparentemente banais. Estar atento e receptivo a estas descobertas, integrando-as em nossa compreensão e prática espiritual, enriquece a jornada e impulsiona o nosso crescimento.

A alegria e a beleza da busca espiritual e da conexão com o divino emergem como recompensas intrínsecas da jornada gnóstica. A busca espiritual, em sua essência, não é um fardo pesado ou um dever árduo, mas sim uma aventura apaixonante, repleta de momentos de beleza, inspiração e alegria profunda. A conexão com Barbelo e o Pleroma nutre a alma, ilumina a mente e preenche o coração com amor, paz e contentamento. A alegria da busca espiritual reside na descoberta contínua da própria natureza divina, no florescimento do potencial espiritual mais elevado e na vivência de uma vida com mais sentido, propósito e plenitude. A beleza da conexão com o divino se manifesta na percepção da harmonia cósmica, na contemplação da vastidão do mistério e na experiência da unidade essencial que permeia toda a criação. A jornada espiritual gnóstica, em sua essência mais profunda, é uma celebração da vida, da luz e do amor, um caminho de retorno ao lar e de despertar para a beleza transcendente que reside em nosso interior e em todo o universo.

Que este livro, "Barbelo: O Mistério da Primeira Emanação", sirva como um mapa inicial e um guia inspirador para sua jornada espiritual gnóstica. Que as reflexões, as práticas e as invocações aqui apresentadas o auxiliem a iniciar ou a aprofundar sua conexão com Barbelo, a Mãe Suprema e o Pleroma. Lembre-se que a jornada é sua, única e pessoal. Explore com curiosidade, pratique com devoção, confie na sua intuição e abrace a aventura do despertar com coragem e alegria. Que a luz de Barbelo ilumine seu caminho e que o amor da Mãe Suprema o sustente em cada passo da Jornada Contínua. Que a Gnosis floresça em seu coração e que a Paz do Pleroma o acompanhe sempre.

Capítulo 26
Modelo para a Transformação Interior

A transformação interior é um chamado profundo que ressoa na essência de cada ser humano, impulsionando a alma a transcender suas limitações e a se reconectar com sua origem divina. No contexto da tradição gnóstica, essa jornada de autodescoberta e despertar não é apenas um processo psicológico ou filosófico, mas uma busca espiritual que reflete o movimento da própria criação em direção ao seu princípio supremo. Barbelo, a primeira emanação da Fonte Divina, simboliza esse princípio arquetípico da alma em sua plenitude, manifestando-se como o modelo perfeito para aqueles que aspiram à iluminação e ao retorno à unidade primordial. A figura de Barbelo representa tanto a origem quanto o destino da jornada interior, guiando o buscador por meio de sua luz, sabedoria e poder criativo. Compreender essa emanação não apenas como um conceito cósmico, mas como um reflexo da própria natureza humana, abre caminho para uma transformação genuína, na qual a alma reconhece sua essência luminosa e assume seu papel como coautora da própria evolução espiritual.

A jornada rumo à transformação interior exige mais do que mera contemplação intelectual; ela demanda engajamento ativo e a disposição para atravessar os véus da ilusão e do esquecimento. Barbelo, como arquétipo da alma desperta, oferece um modelo para essa travessia, demonstrando que o despertar não é um evento súbito e isolado, mas um processo contínuo de integração e expansão da consciência. O caminho gnóstico, sustentado pela busca da Gnosis — o conhecimento direto da realidade espiritual —, proporciona as ferramentas para essa jornada, permitindo que o indivíduo reconheça as influências que obscurecem sua luz interior e as transcenda por meio da sabedoria e da prática espiritual. Esse processo não ocorre sem desafios, pois exige a desconstrução de padrões limitantes e a reintegração dos aspectos fragmentados do ser. No entanto, ao olhar para Barbelo como um espelho, o buscador encontra não apenas inspiração, mas também força e coragem para perseverar na senda da autotransformação.

A aplicação prática desse modelo arquetípico na vida cotidiana se manifesta na necessidade de equilibrar os princípios complementares que compõem a totalidade do ser. Barbelo incorpora a unidade do masculino e do feminino divinos, demonstrando que a plenitude só é alcançada quando ambas as forças estão em harmonia. Assim, a transformação interior requer que o indivíduo reconheça e integre esses aspectos dentro de si, equilibrando razão e intuição, ação e contemplação, força e compaixão. Esse equilíbrio se reflete em uma vida mais consciente, onde cada pensamento, palavra e ação são alinhados com a verdade espiritual e com o propósito mais elevado da alma. Dessa forma, Barbelo não apenas ilumina o caminho da transformação, mas também se torna uma presença viva e dinâmica na jornada do buscador, orientando-o na reconquista de sua luz primordial e na manifestação de seu potencial divino em todas as dimensões da existência.

Barbelo, em sua essência arquetípica, representa a alma humana em seu estado primordial de pureza, potencialidade e conexão com a Fonte Divina. Assim como Barbelo emerge da transcendência inefável do Pai Inefável, a centelha divina em nosso interior anseia por despertar e manifestar sua luz inata, libertando-se das ilusões do mundo material e retornando à sua plenitude original. O arquétipo de Barbelo nos convida a reconhecer esta potencialidade divina em nós mesmos, a despertar a consciência adormecida e a trilhar o caminho da individuação, tornando-nos seres mais completos, conscientes e alinhados com o nosso propósito espiritual mais elevado.

A inspiração e o encorajamento que Barbelo oferece para a transformação pessoal reside em seus próprios atributos e em sua função dentro da cosmologia gnóstica. Barbelo, como Sabedoria Divina, nos inspira a buscar o conhecimento que liberta, a Gnosis que revela a nossa verdadeira natureza e o caminho de retorno ao Pleroma. Barbelo, como Poder Criativo Divino, nos encoraja a manifestar o nosso potencial, a expressar os nossos talentos e a cocriar uma realidade mais alinhada com a luz e o amor. Barbelo, como Imortalidade Divina, nos oferece a esperança da transcendência da morte e da ilusão da separação, apontando para a vida eterna e a união com a Fonte Primordial como o nosso destino último. Ao contemplarmos o arquétipo de Barbelo, somos imbuídos de coragem, motivação e confiança para enfrentar os desafios da jornada interior e perseverar na busca pelo despertar.

A jornada em direção à totalidade e à integração dos aspectos feminino e masculino internos encontra em Barbelo um modelo arquetípico especialmente relevante. Barbelo, como "Mãe-Pai", personifica a união primordial dos princípios feminino e masculino no seio da divindade. Em nossa jornada de individuação, somos convidados a reconhecer e integrar estes dois aspectos em nosso próprio ser, equilibrando a mente racional e a intuição, a ação e a receptividade, a força e a ternura, o logos e o eros. O arquétipo de Barbelo nos mostra que a totalidade não reside na polarização ou na exclusão de um dos princípios, mas sim na sua harmonização e integração, criando um ser mais completo, equilibrado e capaz de expressar a plenitude da sua natureza divina. Honrar o arquétipo de Barbelo em nossa jornada interior implica em valorizar e cultivar tanto o nosso aspecto feminino quanto o nosso aspecto masculino, reconhecendo a importância de ambos para a nossa totalidade e para o nosso bem-estar.

Barbelo, como arquétipo da alma desperta, emerge como um símbolo de esperança e potencial para a humanidade em seu conjunto. Em um mundo frequentemente marcado pelo sofrimento, pela divisão e pela busca incessante por poder e reconhecimento material, o arquétipo de Barbelo nos oferece uma visão alternativa, um caminho de retorno à nossa essência divina e de construção de um mundo mais justo, compassivo e iluminado. Barbelo nos lembra que a verdadeira riqueza não reside nos bens materiais ou no poder externo, mas sim na luz interior, no conhecimento que liberta e no amor que une. Ao internalizarmos o arquétipo de Barbelo, tornamo-nos agentes de transformação em nosso mundo, irradiando a luz da consciência desperta, promovendo a compaixão e a justiça, e contribuindo para a construção de uma realidade mais alinhada com o Pleroma. Barbelo, como arquétipo da alma desperta, nos convida a despertar para o nosso potencial divino e a cocriar um futuro mais luminoso para a humanidade.

Reflexões para a Jornada Interior com o Arquétipo de Barbelo:

Meditação no Arquétipo: Reserve momentos para meditar sobre o arquétipo de Barbelo, visualizando sua imagem, contemplando os seus atributos e buscando sentir sua presença em seu interior. Permita que o arquétipo de Barbelo inspire sua jornada de transformação pessoal.

Diálogo com o Arquétipo: Dialogue com o arquétipo de Barbelo através da imaginação ativa, da escrita intuitiva ou do oráculo. Pergunte a Barbelo sobre os seus desafios, os seus anseios e os seus próximos passos na jornada espiritual. Esteja aberto para receber sua orientação intuitiva e sua sabedoria ancestral.

Integração dos Atributos: Busque integrar os atributos de Barbelo em sua vida cotidiana. Cultive a sabedoria em suas decisões, manifeste seu poder criativo em suas ações, expresse o amor incondicional em seus relacionamentos e busque a imortalidade espiritual através da sua prática gnóstica.

Honra ao Divino Feminino Interior: Reconheça e honre o Divino Feminino em seu próprio ser, cultivando a intuição, a receptividade, a compaixão e a criatividade. Permita que o aspecto feminino da sua natureza floresça e se manifeste plenamente.

Equilíbrio dos Princípios: Busque o equilíbrio e a integração dos princípios feminino e masculino em sua vida, harmonizando a mente racional e a intuição, a ação e a receptividade, o logos e o eros. Cultive a totalidade e a completude em seu ser, inspirando-se no arquétipo andrógino de Barbelo.

Barbelo, como arquétipo da alma desperta, não é apenas uma figura divina distante, mas sim uma presença viva e inspiradora em nosso interior, um modelo para a nossa transformação pessoal e um símbolo de esperança para a humanidade. Ao nos conectarmos com este arquétipo poderoso, despertamos a centelha divina em nosso ser, fortalecemos a nossa jornada espiritual e nos tornamos agentes de luz e de transformação no mundo. Que o arquétipo de Barbelo ilumine seu caminho e o inspire a viver a plenitude do seu potencial divino.

Capítulo 27
Espiritualidade Ocidental

A espiritualidade ocidental, em sua longa e multifacetada trajetória, foi moldada por diversas influências, algumas explícitas e institucionalizadas, outras sutis e subterrâneas. Dentre essas correntes, o gnosticismo se destaca como uma tradição que, apesar de ter sido marginalizada e combatida pelas grandes religiões organizadas, continuou a exercer um impacto profundo na forma como o Ocidente compreende a relação entre o humano e o divino. A figura de Barbelo, enquanto primeira emanação da Fonte Suprema e manifestação do Divino Feminino, representa um elo essencial nesse legado espiritual, ressoando através das eras como um símbolo do conhecimento transcendente e da busca pelo despertar interior. Sua presença nos textos gnósticos, especialmente em escritos como o *Apócrifo de João*, atesta sua importância dentro das escolas gnósticas antigas, mas sua influência transcende esses círculos, manifestando-se de maneira velada em diversas correntes místicas, filosóficas e espirituais que moldaram a tradição ocidental.

A continuidade do pensamento gnóstico, e com ele a persistência dos arquétipos que estruturam sua cosmologia, pode ser identificada em diferentes movimentos ao longo da história. Apesar da perseguição e da tentativa de erradicação dos ensinamentos gnósticos pelas instituições cristãs ortodoxas, elementos fundamentais dessa tradição sobreviveram, seja por meio do hermetismo, da alquimia medieval, da mística renascentista ou de movimentos esotéricos modernos. A ideia de um conhecimento secreto que conduz à libertação da alma e a noção de um mundo material corrompido, que deve ser transcendido por meio da Gnosis, reaparecem em diferentes contextos e épocas, sempre oferecendo um contraponto às doutrinas dominantes. A imagem de Barbelo, enquanto mãe celestial e fonte da verdadeira sabedoria, pode ser rastreada nessas tradições, muitas vezes sob outros nomes e formas, mas sempre carregando a mesma essência: a promessa de um retorno à luz primordial.

Na contemporaneidade, a redescoberta dos textos gnósticos e o crescente interesse pelo Divino Feminino trouxeram Barbelo de volta ao centro das reflexões espirituais. A redescoberta da biblioteca de Nag Hammadi no século XX possibilitou que essas tradições esquecidas fossem reexaminadas e reinterpretadas, oferecendo uma alternativa às formas tradicionais de religiosidade. O ressurgimento do interesse pelo gnosticismo, especialmente dentro dos círculos esotéricos e do movimento Nova Era, reflete uma busca coletiva por uma espiritualidade mais experiencial, menos dogmática e mais conectada às dimensões intuitivas e femininas do sagrado. Neste contexto, Barbelo ressurge como uma figura inspiradora para aqueles que buscam não apenas compreender a espiritualidade de forma intelectual, mas vivenciá-la como um processo contínuo de transformação e retorno à essência divina. Assim, seu legado persiste, atravessando os séculos e se adaptando às novas formas de busca espiritual, sempre evocando a eterna jornada da alma em direção à luz.

Ao longo da história do gnosticismo, desde suas origens no mundo antigo até suas manifestações mais recentes, a figura de Barbelo manteve uma posição de destaque e reverência. Em diversas escolas gnósticas, como o setianismo, o valentinianismo e outras correntes menos conhecidas, Barbelo é consistentemente apresentada como a primeira emanação, a imagem perfeita do Pai Inefável, a Mãe Divina primordial e a fonte de sabedoria e luz. Nos textos de Nag Hammadi, como o Apócrifo de João, o Evangelho dos Egípcios e o Pensamento de Norea, Barbelo é invocada, louvada e descrita com uma variedade de epítetos que exaltam sua grandeza e seu papel fundamental na cosmologia gnóstica. Seja como "o Primeiro Pensamento", "a Imagem do Pai", ou "a Luz Virgem", Barbelo permanece uma constante no panteão gnóstico, testemunhando a importância duradoura do Divino Feminino e da busca pela Gnosis como caminhos de retorno ao divino.

O legado de Barbelo dentro do gnosticismo se manifesta na continuidade de sua veneração e na persistência de seus atributos ao longo do tempo. Em diferentes escolas e textos, encontramos variações na cosmologia e nas narrativas míticas, mas a figura central de Barbelo como a primeira emanação, dotada de sabedoria, poder criativo e imortalidade, mantém-se constante. Esta consistência sugere que Barbelo não era apenas um mero personagem mitológico, mas sim uma representação arquetípica de uma dimensão essencial da divindade, um aspecto do Divino Feminino que ressoava profundamente com os buscadores gnósticos de diferentes épocas e contextos. O legado de Barbelo no gnosticismo é um legado de persistência, de relevância contínua e de profundo impacto na imaginação espiritual gnóstica.

A influência do gnosticismo, e por extensão, do arquétipo de Barbelo, na história da espiritualidade ocidental é um tema complexo e multifacetado, objeto de debate e investigação acadêmica. Embora não existam evidências diretas de uma "linha sucessória" ininterrupta entre o gnosticismo antigo e correntes espirituais posteriores, ressonâncias e paralelos temáticos sugerem possíveis influências, diretas ou indiretas, do pensamento gnóstico em diversas tradições espirituais e filosóficas ocidentais. É importante abordar este tema com nuance e cautela, evitando afirmações generalizadas ou simplistas, mas reconhecendo as possíveis conexões e as semelhanças notáveis que emergem da análise comparativa.

Possíveis áreas de influência do gnosticismo, que merecem consideração, incluem:

Hermetismo: O Corpus Hermeticum, um conjunto de textos filosófico-religiosos do período helenístico tardio, compartilha diversas características com o gnosticismo, como a ênfase no conhecimento espiritual (Gnosis), a visão de um mundo material imperfeito e a busca pela divinização da alma. Embora as origens exatas do hermetismo sejam complexas e debatidas, é possível que tenha havido influências mútuas ou fontes comuns entre o hermetismo e algumas correntes gnósticas, incluindo a valorização de figuras divinas andróginas e a busca por um conhecimento transcendente.

Cabalá: A mística judaica da Cabalá, em suas manifestações medievais e posteriores, apresenta algumas semelhanças com a cosmologia gnóstica, como a ideia de emanações divinas (Sephirot), a hierarquia dos mundos espirituais e a busca pela união com o divino. Embora a Cabalá tenha suas raízes no judaísmo rabínico, alguns estudiosos sugerem que pode ter havido influências gnósticas, diretas ou indiretas, na formação de certos conceitos e símbolos cabalísticos, especialmente em relação à Sofiah cabalística, que compartilha algumas semelhanças com a Sophia gnóstica e, por extensão, com Barbelo como manifestação da Sabedoria Divina.

Misticismo Cristão: Embora o cristianismo ortodoxo tenha se distanciado e condenado o gnosticismo como heresia, algumas correntes místicas cristãs, especialmente no período medieval e renascentista, manifestaram ressonâncias com temas gnósticos, como a busca pela experiência direta de Deus, a valorização da intuição e do conhecimento interior, e uma certa tensão com a teologia dogmática e institucionalizada. Figuras como Mestre Eckhart, Jacob Boehme e alguns místicos renascentistas podem ter sido influenciados, direta ou indiretamente, por ideias gnósticas, embora estas influências sejam frequentemente complexas e sutis. É importante notar que esta área é sensível e sujeita a diferentes interpretações teológicas.

Filosofia do Renascimento e Romantismo: O Renascimento, com seu interesse pela filosofia antiga e pelos textos herméticos, e o Romantismo, com sua valorização da intuição, da imaginação e da experiência subjetiva, criaram um clima cultural mais receptivo a ideias que ressoam com o gnosticismo. Filósofos renascentistas como Marsilio Ficino e Pico della Mirandola, e poetas e pensadores românticos como William Blake e alguns expoentes do idealismo alemão, manifestaram interesse por temas como a unidade primordial, a busca pelo conhecimento transcendente e a crítica à razão puramente instrumental, temas que podem ser associados, ainda que de forma indireta, a algumas vertentes do pensamento gnóstico.

Espiritualidade Moderna e New Age: O movimento da Nova Era e a espiritualidade moderna contemporânea manifestam um interesse crescente pelo gnosticismo, reinterpretando e ressignificando conceitos gnósticos como a Gnosis, a luz interior, o Divino Feminino e a busca pela experiência direta do divino. A redescoberta dos textos de Nag Hammadi no século XX e a crescente crítica às instituições religiosas tradicionais contribuíram para este renovado interesse pelo gnosticismo, visto por muitos como uma fonte alternativa de espiritualidade, mais focada na experiência pessoal, na liberdade de pensamento e na valorização do feminino divino. Neste contexto, Barbelo, como arquétipo do Divino Feminino, ressurge com força, inspirando buscadoras e buscadores espirituais contemporâneos em sua jornada de autodescoberta e conexão com o sagrado.

A redescoberta do gnosticismo e do princípio feminino divino na era contemporânea representa um fenômeno significativo na história da espiritualidade ocidental. O achado da biblioteca de Nag Hammadi em 1945 e a subsequente tradução e divulgação dos textos gnósticos abriram um novo horizonte para a compreensão do gnosticismo antigo e para sua reapropriação no contexto moderno. Este redescobrimento coincidiu com o crescimento dos movimentos feministas, a crítica às estruturas patriarcais e o anseio por formas de espiritualidade que valorizem o feminino, o intuitivo e o experiencial. Neste cenário, o gnosticismo, com sua ênfase no Divino Feminino, em figuras como a Mãe Suprema e Barbelo, e na busca pela Gnosis como um caminho de libertação e empoderamento, ressurgiu como uma tradição espiritual relevante e inspiradora para muitos buscadores contemporâneos.

A relevância da Mãe Suprema e do feminino divino para o mundo contemporâneo reside na sua capacidade de oferecer um contraponto às tradições religiosas patriarcais dominantes, que frequentemente marginalizaram ou silenciaram o aspecto feminino da divindade. Em um mundo que anseia por equilíbrio, harmonia e por uma visão mais integral da realidade, o resgate do Divino Feminino, exemplificado em figuras como Barbelo, representa um passo importante para a cura da psique coletiva e para a construção de um futuro mais equitativo e espiritualmente rico. O arquétipo de

Barbelo, como símbolo da alma desperta e da integração dos princípios feminino e masculino, oferece um modelo inspirador para a transformação pessoal e para a construção de um mundo mais justo, compassivo e iluminado.

A importância de preservar e estudar o legado gnóstico para as futuras gerações reside na riqueza de insights e perspectivas que esta tradição espiritual oferece para as questões existenciais e espirituais que a humanidade enfrenta. O gnosticismo, com sua busca pela Gnosis, sua crítica ao materialismo, sua valorização da experiência interior e sua visão de um universo interconectado, continua a ressoar com os anseios e as inquietações do ser humano contemporâneo. Preservar e estudar o legado gnóstico, incluindo a figura luminosa de Barbelo, significa manter viva uma fonte de sabedoria ancestral que pode iluminar o nosso caminho, desafiar as nossas concepções limitantes e inspirar a nossa jornada de despertar e transformação. O legado de Barbelo, como arquétipo do Divino Feminino e da alma desperta, é um tesouro espiritual que merece ser preservado, estudado e transmitido para as futuras gerações, como um farol de esperança e um convite à busca incessante pela verdade e pela luz.

Capítulo 28
Outras Emanações

O Pleroma, repleto de luz e conhecimento, não se limita a uma única emanação, mas se expande em uma complexa rede de seres divinos, cada um refletindo aspectos distintos da Fonte Suprema. Barbelo, a Primeira Emanação, ocupa um lugar central na cosmologia gnóstica, mas seu esplendor não existe isoladamente. Ao seu redor, uma miríade de outros Aeons se desdobra, formando um tecido vibrante de sabedoria, amor e poder espiritual. Esses Aeons, emanados da plenitude divina, desempenham papéis fundamentais no processo de criação, iluminação e redenção das almas que buscam retornar ao seu estado original de unidade com o divino. Compreender essas emanações é aprofundar-se na estrutura mística do universo gnóstico, explorando a forma como o divino se manifesta em diferentes dimensões e interage com a existência humana.

Cada Aeon carrega em si um atributo essencial da Fonte Suprema, funcionando como um canal entre o divino e a criação. Enquanto Barbelo simboliza a pureza primordial e a inteligência divina, outras emanações se expressam como forças complementares que sustentam e harmonizam o cosmos espiritual. O Logos, frequentemente identificado com Cristo no gnosticismo, é a manifestação do Verbo Criador, aquele que traz a ordem e a razão ao universo. Sophia, a Sabedoria, representa tanto o anseio pela verdade quanto o risco da separação do divino, refletindo o dilema da alma humana que oscila entre a luz e a matéria. Além desses, uma infinidade de outras emanações compõe a estrutura do Pleroma, servindo como guias, guardiões e reveladores da Gnosis. O estudo dessas entidades sagradas permite vislumbrar a magnitude da criação divina e entender a jornada do espírito em busca da reintegração com a totalidade.

Ao adentrar essa complexa rede de emanações, o buscador gnóstico percebe que cada aspecto do divino encontra reflexo dentro de si. O Pleroma não é apenas um reino distante de seres luminosos, mas também um mapa para a compreensão da própria essência humana. Assim como as emanações divinas expressam facetas do Criador, cada alma contém dentro de si a centelha dessas qualidades e o potencial de despertar para sua verdadeira natureza. Ao explorar as emanações do Pleroma, não apenas ampliamos nosso entendimento da cosmologia gnóstica, mas também encontramos chaves para a nossa própria transformação espiritual. Cada Aeon, com sua luz e sabedoria, convida-nos a olhar para dentro, a reconhecer nossa origem divina e a trilhar o caminho de volta à Fonte, guiados pela Gnosis e pelo anseio de transcendência.

O Pleroma, como já exploramos, não é um espaço vazio ou homogêneo, mas sim um reino dinâmico e hierarquizado, povoado por inúmeras emanações divinas, os Aeons, cada um com suas qualidades, atributos e funções específicas. Embora Barbelo ocupe o lugar de primazia como a primeira emanação, inúmeros outros Aeons emergem da Fonte Divina, contribuindo para a complexidade e a riqueza do Pleroma. Apresentar alguns destes Aeons e figuras importantes é essencial para compreendermos a vastidão da cosmologia gnóstica e a diversidade de manifestações do divino.

Apresentação de Outros Aeons e Figuras Importantes do Pleroma (além de Barbelo):

Cristo (Logos): Em muitas escolas gnósticas, Cristo é considerado um Aeon importante, frequentemente identificado com o Logos, a Palavra Divina, e com o Filho Divino. Cristo é visto como um emissário do Pleroma enviado ao mundo material para despertar a humanidade adormecida e revelar o caminho da Gnosis e da redenção. Sua função é auxiliar as almas humanas a reconhecerem sua origem divina e a retornarem ao reino da luz.

Sophia (Sabedoria): Sophia, cujo nome significa "Sabedoria" em grego, é outra figura Aeon essencial no gnosticismo, frequentemente associada à paixão, ao sofrimento e à busca pela restauração. Em algumas cosmologias gnósticas, a queda de Sophia do Pleroma, impulsionada por um desejo de criar sem a permissão da Fonte Divina, é o evento primordial que leva à criação do mundo material imperfeito. Sophia representa a Sabedoria Divina em sua busca por redenção e reunificação com o Pleroma.

Set (Seth): Set, o terceiro filho de Adão e Eva na tradição bíblica, é venerado em algumas escolas gnósticas, especialmente no setianismo, como uma emanação divina e um ancestral espiritual da linhagem gnóstica. Set é visto como um ser de luz que possui o conhecimento da verdade e que transmite a Gnosis aos seus descendentes espirituais. Sua figura representa a continuidade da linhagem divina no mundo material e a promessa da redenção para aqueles que seguem o caminho da Gnosis.

O Cristo Luminoso (Jesus): No gnosticismo, a figura de Jesus Cristo é reinterpretada e ressignificada, distanciando-se da visão ortodoxa cristã. Para os gnósticos, Jesus não é o Filho unigênito de Deus encarnado na carne, mas sim um emissário do Pleroma, um ser iluminado que manifestou o Cristo Cósmico (o Aeon Logos) e que veio ao mundo para despertar a Gnosis nas almas humanas. O Cristo gnóstico é um mestre espiritual, um revelador da verdade e um guia para o caminho da libertação.

O Espírito Santo (Pneuma Hagion): O Espírito Santo, na perspectiva gnóstica, é compreendido como a força divina que anima a criação, que inspira a Gnosis e que conduz as almas em direção ao Pleroma. O Espírito Santo não é uma pessoa divina distinta da Fonte Primordial, mas sim uma manifestação da sua energia e presença no universo. O Espírito Santo é a força que impulsiona o despertar da consciência e a ascensão espiritual.

O Demiurgo (Yaldabaoth, Saklas, etc.): Em contraste com os Aeons luminosos do Pleroma, o Demiurgo representa a força criadora ignorante e imperfeita que gerou o mundo material. O Demiurgo, muitas vezes identificado com o Deus do Antigo Testamento, é visto como uma emanação inferior, cega à verdade do Pleroma e responsável pela criação de um mundo de ilusão, sofrimento e ignorância. Compreender a natureza do Demiurgo e seu papel na cosmologia gnóstica é essencial para compreendermos a visão gnóstica sobre a origem do mal e a necessidade da redenção espiritual.

A vastidão e a complexidade da cosmologia gnóstica refletem a busca por compreender a natureza do divino e a origem do universo em sua totalidade. A hierarquia dos Aeons, a dinâmica entre o Pleroma e o mundo material, a interação entre as forças da luz e da escuridão, são temas que desafiam a nossa mente racional e que nos convidam à contemplação e à intuição. A cosmologia gnóstica não se apresenta como um sistema dogmático e inflexível, mas sim como um mapa simbólico, uma linguagem arquetípica que busca expressar o mistério insondável da realidade divina. Explorar a cosmologia gnóstica implica em mergulhar em um oceano de símbolos, mitos e metáforas, permitindo que a nossa mente se expanda para além das limitações do pensamento linear e se abra para a vastidão do universo espiritual.

O convite ao leitor para continuar explorando os mistérios do Pleroma e do universo gnóstico é um chamado à aventura da alma, uma jornada sem fim em busca de conhecimento, sabedoria e conexão com o divino. Este livro ofereceu apenas um vislumbre da riqueza e da profundidade do gnosticismo, e a exploração de Barbelo é apenas um ponto de partida para uma investigação muito mais ampla. O universo gnóstico é vasto e inesgotável, repleto de textos, símbolos, práticas e ensinamentos que podem enriquecer a nossa jornada espiritual e expandir a nossa consciência de maneiras inimagináveis. A busca gnóstica é uma jornada pessoal e única para cada buscador, e o convite é para que cada leitor siga seu próprio caminho, explorando os mistérios do Pleroma com curiosidade, discernimento e coração aberto.

Sugestões de Leituras e Recursos para Aprofundar o Estudo do Gnosticismo:

Para aqueles que desejam continuar a explorar o universo gnóstico e aprofundar seu conhecimento, sugerimos alguns recursos e leituras que podem ser valiosos:

Textos Gnósticos de Nag Hammadi: A leitura direta dos textos gnósticos de Nag Hammadi é fundamental para uma compreensão autêntica e profunda do gnosticismo. Existem diversas traduções disponíveis em português, incluindo edições acadêmicas e traduções mais acessíveis para o público geral. Textos como o Apócrifo de João, o Evangelho de Tomé, o Evangelho de Maria Madalena, o Evangelho de Filipe e o Livro Sagrado do Grande Espírito Invisível são apenas alguns exemplos da riqueza e diversidade dos textos gnósticos.

Livros Introdutórios ao Gnosticismo: Para aqueles que desejam iniciar o estudo do gnosticismo, existem diversos livros introdutórios que oferecem uma visão geral da história, da cosmologia, da teologia e das práticas gnósticas. O livro "O Gnosticismo" de Kurt Rudolph, "Em Busca do Gnose" de Ioan Couliano e "Gnosticismo: Uma Introdução Histórica" de Nicola

Denzey Lewis são exemplos de obras introdutórias relevantes e acessíveis.

Estudos Acadêmicos sobre Gnosticismo: Para um estudo mais aprofundado e rigoroso do gnosticismo, existem inúmeros estudos acadêmicos e artigos de pesquisa produzidos por especialistas em gnosticismo e religiões antigas. Revistas acadêmicas especializadas, livros de coletâneas de artigos e obras de referência podem ser encontrados em bibliotecas universitárias e plataformas online de pesquisa acadêmica.

Websites e Comunidades Online sobre Gnosticismo: A internet oferece uma vasta gama de recursos online sobre gnosticismo, incluindo websites, blogs, fóruns e comunidades virtuais dedicadas ao estudo e à prática do gnosticismo. É importante discernir as fontes online, buscando websites e comunidades que se baseiem em fontes acadêmicas e em interpretações informadas do gnosticismo, evitando abordagensNew Age superficiais ou sensacionalistas.

Grupos de Estudo e Prática Gnóstica: Participar de grupos de estudo ou comunidades gnósticas presenciais ou virtuais pode enriquecer a jornada de aprendizado e oferecer um espaço de partilha, discussão e apoio mútuo com outros buscadores. A troca de ideias, a partilha de experiências e a prática conjunta podem aprofundar a compreensão e fortalecer a vivência da espiritualidade gnóstica.

Explorar o Pleroma e os mistérios do universo gnóstico é uma jornada que se estende por toda a vida, uma aventura da alma que nos convida a transcender os limites da mente e a abrir o coração para a vastidão do divino. Que sua jornada de exploração continue a ser iluminada pela luz da Gnosis e guiada pela sabedoria de Barbelo e do Pleroma. Que a busca incessante pela verdade e pela luz o conduza a descobertas cada vez mais profundas e transformadoras. O universo gnóstico, em sua infinita expansão, aguarda sua exploração, repleto de mistérios, desafios e incontáveis bênçãos espirituais. Siga adiante com coragem, curiosidade e a certeza de que a jornada em si é a maior recompensa.

Capítulo 29
Retornando à Fonte

O retorno à Fonte não é um simples movimento de chegada a um destino final, mas uma jornada cíclica e contínua, na qual o buscador redescobre, a cada passo, a conexão profunda entre sua essência e a plenitude divina. Dentro da tradição gnóstica, essa jornada não é apenas uma busca por conhecimento intelectual, mas um processo vivo de transformação interior, um despertar progressivo da consciência que conduz a alma de volta ao seu estado original de unidade com o divino. Barbelo, como a Primeira Emanação, simboliza esse elo primordial entre o Criador e a criação, representando a luz que guia o espírito ao longo dessa travessia. No entanto, a jornada não se encerra na contemplação dessa emanação suprema; pelo contrário, ela se estende para além da compreensão conceitual, convidando cada buscador a integrar essa sabedoria em sua própria existência, tornando-se um reflexo vivo da luz que um dia pareceu perdida, mas que sempre habitou em seu ser.

Ao longo dessa busca pelo retorno à Fonte, o desafio não reside apenas na obtenção da Gnosis, mas na sua incorporação à vida cotidiana. O verdadeiro despertar não acontece apenas nos momentos de contemplação ou estudo, mas na maneira como cada indivíduo expressa sua luz interior no mundo. A prática gnóstica ensina que o retorno ao Pleroma não é uma fuga da realidade material, mas uma reconfiguração da percepção, uma mudança profunda no olhar que permite enxergar a presença do divino em todas as coisas. Viver essa sabedoria implica transformar cada experiência em um aprendizado, cada interação em uma oportunidade de expandir a consciência e cada obstáculo em uma chance de lapidar a alma. O caminho gnóstico, portanto, não se define apenas pelo conhecimento adquirido, mas pela forma como esse conhecimento se manifesta no dia a dia, em escolhas, ações e relações que refletem a luz do despertar.

Dessa forma, a jornada de retorno à Fonte é, em sua essência, um recomeço perpétuo. Cada passo dado rumo à iluminação revela novos mistérios, cada camada desvelada da realidade abre caminho para compreensões ainda mais profundas. O chamado de Barbelo, da Mãe Suprema e do Pleroma, não é um convite para um fim definitivo, mas para um movimento contínuo de expansão e ascensão espiritual. Que essa busca não se encerre com as páginas deste livro, mas se perpetue como um compromisso pessoal com o despertar, guiando cada buscador a viver plenamente sua conexão com o divino, trazendo a luz do Pleroma para a experiência terrena e permitindo que a Gnosis floresça em cada aspecto da existência.

Sumariar os principais temas e aprendizados do livro é essencial para consolidarmos o conhecimento adquirido e reforçarmos as mensagens centrais que permeiam toda a nossa exploração. Ao longo dos capítulos, navegamos pela história e pelas características do gnosticismo, exploramos a cosmologia gnóstica e a hierarquia dos Aeons, mergulhamos no mistério de Barbelo como a Primeira Emanação e o arquétipo do Divino Feminino, compreendemos a importância da luz divina como a essência da realidade espiritual, e desvendamos práticas para a conexão, superação de obstáculos e integração da sabedoria gnóstica no dia a dia. Relembrar estes temas principais permite internalizar os ensinamentos, fortalecer a nossa compreensão e inspirar a continuidade da prática espiritual.

Reafirmamos a importância da conexão com Barbelo, a Mãe Suprema e a luz divina como o coração pulsante da jornada gnóstica. Barbelo, como a primeira manifestação da Fonte Divina e o arquétipo do Divino Feminino, emerge como um guia luminoso, uma ponte entre o humano e o divino, um modelo para a alma desperta. A Mãe Suprema, como a Fonte primordial da qual tudo emana, representa o princípio feminino divino em sua totalidade, a matriz cósmica e a fonte de amor incondicional. A luz divina, como a essência da realidade espiritual, constitui o caminho de retorno ao Pleroma, a força transformadora que ilumina a consciência, cura as feridas e desperta o nosso potencial divino. Cultivar a conexão com Barbelo, a Mãe Suprema e a luz divina não é apenas uma prática espiritual, mas sim um caminho para a plenitude, para a sabedoria e para o amor que nutre a alma e transforma a vida.

A mensagem final que desejamos transmitir é uma mensagem de esperança, inspiração e encorajamento para cada leitor em sua jornada espiritual única e pessoal. O caminho gnóstico não é um caminho fácil ou linear, mas é um caminho de profunda beleza, repleto de recompensas espirituais e transformadoras. A busca pela Gnosis, o anseio pelo despertar da consciência e o desejo de retorno à Fonte são impulsos nobres e autênticos da alma humana. Acreditamos no potencial de cada indivíduo para despertar sua luz interior, para conectar-se com o divino e para vivenciar a plenitude da sua natureza espiritual. Que este livro tenha servido como um farol, iluminando os primeiros passos da sua jornada e oferecendo um mapa inicial para a exploração do vasto e misterioso território do gnosticismo.

Convidamos agora o leitor a continuar a praticar, a explorar e a viver a sabedoria gnóstica em sua vida cotidiana. A prática espiritual não se limita aos momentos formais de meditação ou ritual, mas se estende a todas as áreas da nossa existência. Viver a sabedoria gnóstica implica em cultivar a atenção plena, a compaixão, a verdade e o serviço ao próximo em todas as nossas ações e relações. Implica em buscar o conhecimento que liberta, em expandir a nossa percepção da realidade e em despertar a intuição como guia interior. Implica em honrar o Divino Feminino em nós mesmos e no mundo, reconhecendo a importância do equilíbrio, da harmonia e da integração dos princípios feminino e masculino. A jornada gnóstica é uma jornada para ser vivida em sua totalidade, com coragem, curiosidade e alegria, em cada momento do presente, em cada passo do caminho.

Que a luz de Barbelo continue a iluminar seu caminho, revelando os mistérios do Pleroma e guiando-o em direção à Gnosis. Que o amor da Mãe Suprema o envolva e o sustente, nutrindo sua alma e fortalecendo sua perseverança. Que a paz do Pleroma o acompanhe sempre, irradiando-se do seu interior para o mundo exterior. Que a jornada de retorno à Fonte se manifeste em sua vida como um despertar contínuo da luz interior, uma expansão da consciência e uma vivência da plenitude divina em cada respiração, em cada batida do coração, em cada passo da Jornada Contínua.

Epílogo

A jornada espiritual, como explorada ao longo destas páginas, não é um caminho linear, nem um destino fixo a ser alcançado. Ela é uma espiral ascendente, um processo contínuo de despertar, expansão e reintegração à luz primordial. A alma que ousa trilhar esse caminho descobre que cada resposta alcançada abre novas questões, cada iluminação revela novos mistérios, e cada passo em direção à verdade traz consigo um chamado ainda mais profundo para seguir adiante.

A figura de Barbelo, a Primeira Emanação, nos acompanha ao longo desse percurso. Ela não é apenas um símbolo, mas um farol, um elo vivo entre o humano e o divino. Representa a sabedoria, a totalidade e a plenitude da Fonte Suprema, servindo como guia para aqueles que sentem o anseio pelo retorno ao Pleroma. Sua luz nos recorda que não estamos isolados em nossa busca; que há um caminho a ser trilhado e uma verdade oculta esperando para ser desvelada dentro de cada ser desperto.

Ao longo desta obra, adentramos os recônditos da tradição gnóstica, exploramos sua cosmologia e desvendamos os mistérios do Divino Feminino, representado em Barbelo como a matriz cósmica da criação. Aprendemos que a Gnosis não é um conhecimento intelectual, mas uma experiência transformadora, uma revelação que ressoa na essência mais profunda da alma. Conhecer é tornar-se, compreender é integrar, despertar é lembrar-se de quem realmente somos.

No entanto, compreender a Gnosis e reconhecer a centelha divina dentro de si não é suficiente. O verdadeiro desafio está na integração dessa sabedoria ao cotidiano. De que vale alcançar vislumbres da verdade se continuamos a viver presos às ilusões do mundo material? O chamado da Gnosis não é um convite à fuga, mas à transmutação da existência terrena. Cada pensamento, cada escolha, cada ação pode tornar-se um reflexo da luz do Pleroma, uma expressão da essência divina que habita em nós.

Viver espiritualmente é transformar a própria realidade. É enxergar o sagrado no ordinário, é reconhecer o divino no fluxo da vida, é transmutar as sombras em consciência. O caminho da ascensão não se dá em uma realidade paralela ou em um futuro distante – ele acontece agora, no presente, no simples ato de estar desperto e consciente. Cada ser humano é um portal para o Pleroma, um espelho da luz divina, e a jornada espiritual consiste em limpar esse espelho, em remover as camadas de esquecimento que obscurecem a verdadeira essência.

Assim, este livro não se encerra aqui. As palavras foram apenas uma ponte, um convite à jornada que cada buscador deve trilhar por si mesmo. As páginas escritas podem ser lidas e relidas, mas a verdadeira compreensão não virá da repetição do texto, e sim da experiência direta da Gnosis. Este é apenas o começo, um chamado ao aprofundamento, à prática, à incorporação da luz e da sabedoria em cada respiração, em cada pensamento e em cada escolha.

Que Barbelo, a Mãe Suprema, continue a guiar sua jornada. Que sua luz ilumine os passos daqueles que buscam a verdade. Que a Gnosis floresça dentro de você e que seu despertar se expanda além das fronteiras da ilusão.

O retorno à Fonte não é um fim – é um renascimento perpétuo, um ciclo eterno de ascensão e revelação. A busca pela verdade não se encerra com este livro, mas se perpetua em sua consciência, em sua prática e em sua transformação.

A jornada continua.

www.ingramcontent.com/pod-product-compliance
Lightning Source LLC
LaVergne TN
LVHW040053080526
838202LV00045B/3609